Erwin Graf

Fische

Lernen an Stationen im Biologieunterricht

Auer

Gedruckt auf umweltbewusst gefertigtem, chlorfrei gebleichtem
und alterungsbeständigem Papier.

1. Auflage 2016
Nach den seit 2006 amtlich gültigen Regelungen der Rechtschreibung

Covergestaltung: Daniel Fischer – Grafikdesign München
Umschlagfoto: ktsdesign/fotolia.com
Illustrationen: Steffen Jähde, Hendrik Kranenberg, Frau Schüler, Hanni Wohofsky
Satz: Typographie & Computer, Krefeld
Druck und Bindung: Franz X. Stückle Druck und Verlag, Ettenheim
ISBN 978-3-403-**07781**-7

www.auer-verlag.de

Inhalt

Hinweise für die Lehrkraft: Sachinformationen – Unterrichtsziele – Schwerpunkte

Sachinformationen

Die Fische *(Pisces)* sind die älteste und zugleich artenreichste Wirbeltiergruppe mit derzeit über 35 000 bekannten Arten. Neben der zoologischen Unterscheidung (s. u., Systematik) gibt es zahlreiche weitere Einteilungsmöglichkeiten für Fische wie beispielsweise:

- Süßwasserfische und Salzwasserfische (Perspektive Lebensraum),
- Konsumfische und Edelfische (küchentechnische Perspektive),
- Magerfische und Fettfische (Perspektive menschliche Ernährung),
- Plattfische und Rundfische (Perspektive Körperform),
- Eier legende Fische und lebend gebärende Fische (Perspektive Fortpflanzung),
- Raubfische und Friedfische (Perspektive Ernährung).

GALILEO GALILEI (italienischer Naturforscher; 1564–1642)

Man kann einen Menschen nichts lehren, man kann ihm nur helfen, es in sich selbst zu entdecken.

Merkmale der Fische. Fische sind wechselwarme, im Wasser lebende Wirbeltiere, die durch Kiemen atmen, sich mittels Flossen und Schlängelbewegungen der Wirbelsäule fortbewegen und auf deren Körper sich Schuppen befinden, die von einer Schleimschicht bedeckt sind. Brust- und Bauchflossen sind paarig und gelenkig mit Brust- bzw. Beckengürtel verbunden. Die übrigen Flossen sind unpaarig und über Flossenträger mit der Wirbelsäule verbunden. Alle Flossen – mit Ausnahme der bei manchen Fischen vorhandenen Fettflosse – haben ein Skelett (knöcherne Flossenstrahlen). Bei einigen Knochenfischen findet man „Gräten" in den Muskelscheiden; diese bestehen aus verknöchertem Bindegewebe. Alle Fische haben einen geschlossenen Blutkreislauf mit einem einfach gebauten Herzen, das nahe an den Kiemen liegt (vgl. Bild 1).

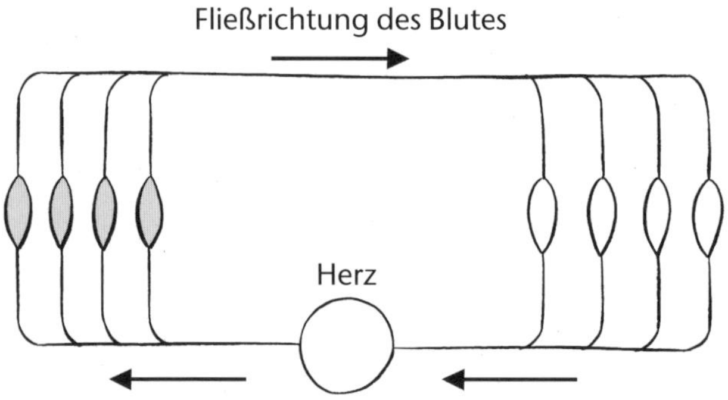

Bild 1: Kreislauf bei Fischen (Schema; n. PURVES 2011, S. 1 172, verändert)

Evolution der Fische. Aufgrund von Fossilfunden ist bekannt, dass schon vor etwa 450 Millionen Jahren primitive Fische den Lebensraum Wasser besiedelten und schon bald erste Fische (beispielsweise die Quastenflosser) den Weg an Land wagten (vgl. Bild 2).

Vermutlich sind die noch recht schwerfällig aussehenden Panzerfische *(Placodermi)*, die bis zu 10 m lang werden konnten und deren Körper durch schwere Knochenplatten geschützt wurde, die ältesten Verwandten der heutigen Fische. Im Devon vor etwa 400 Millionen Jahren starben die Urfische bereits aus.

Systematik der Fische. In der Systematik unterscheidet man bei den rezenten Arten meist die folgenden beiden Klassen:

- Knorpelfische *(Chondrichthyes)*: leben fast ausschließlich im Meer; Beispiele: Rochen, Haie;

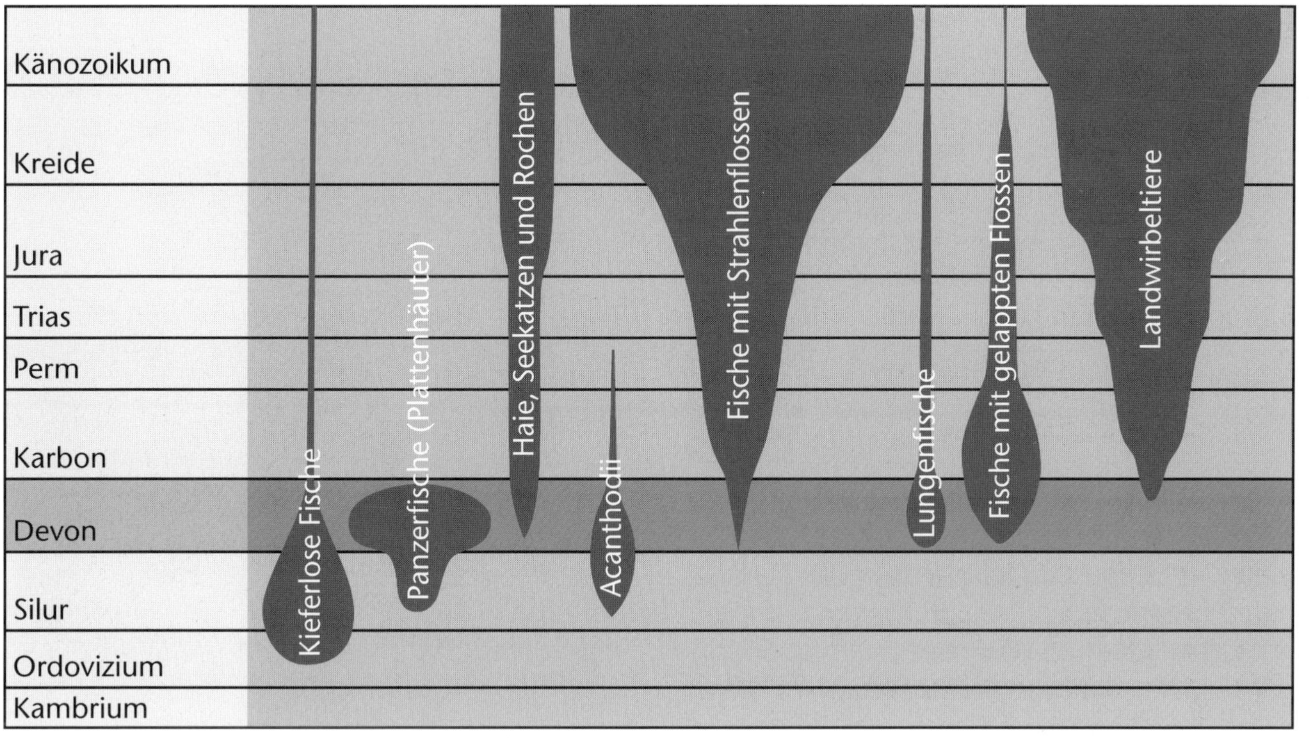

Bild 2: Evolution der Fische (Schema)

- Knochenfische *(Osteichthyes)*: Hier unterscheidet man
  - Fleischflosser, wie die marin lebenden Quastenflosser sowie die im Süßwasser lebenden Lungenfische und
  - Strahlenflosser, die alle anderen Fischgruppen umfassen.

Nach derzeitigem wissenschaftlichem Kenntnisstand sind aus den paarigen Brust- und Bauchflossen der Fleischflosser die Extremitäten der Landwirbeltiere *(Landvertebraten)* hervorgegangen.

Die *Knorpelfische* (ca. 5 % der heute lebenden Fischarten) entwickelten sich – so der heutige Ansatz – aus den Panzerfischen und zeichnen sich insbesondere durch folgende Merkmale aus:

- knorpeliges Innenskelett;
- fünf Paar Kiemenspalten;
- keine Schwimmblase (d.h., es ist ständiges Schwimmen erforderlich, um nicht auf den Grund zu sinken);
- relativ geringe Dichte im Vergleich zu den Knochenfischen;
- Hautzähne *(Placoidschuppen)* bedecken die Haut der Knorpelfische.

Im Gegensatz zu den Knorpelfischen zeichnen sich die *Knochenfische*, zu denen etwa 95 % der heute lebenden (rezenten) Fischarten zählen, insbesondere durch folgende typische Merkmale aus:

- knöchernes Innenskelett;
- spindelförmiger Körper;
- vier Paar Kiemenspalten;
- Haut aus zwei Schichten:
  - bindegewebshaltige Lederhaut mit Schuppen und Farbzellen,
  - Oberhaut mit Schleimdrüsen (die antibakteriell wirkenden Schleim absondern; dieser verringert auch den Strömungswiderstand);
- Kiemen liegen in der Kiemenhöhle und sind durch den knöchernen Kiemendeckel geschützt;
- dachziegelartig angeordnete, im jahreszeitlichen Wechsel wachsende zweischichtige Elasmoidschuppen (plattenförmige Knochenbildungen, die, in den Schuppentaschen im Bindegewebe der Lederhaut gebildet, von der Epidermis bedeckt werden).

Der weltweit schwerste rezente Knochenfisch ist der Mondfisch, der bis zu 2,5 Tonnen schwer wird (Gewicht eines Mittelklasseautos wie 5er-BMW), eine Länge von über 3 m und eine Höhe von über 4 m erreichen kann.

Bild 3: Mondfisch

Durch Einlagerung von Fett oder Reduktion der Knochen erreichen manche Knochenfische – wie beispielsweise der Mondfisch (*Mola mola*, vgl. Bild 3) – eine relativ geringe Dichte, d. h., sie leben ohne Schwimmblase und treiben nahe an der Meeresoberfläche.

Manche Knochenfische weichen in ihrer Körperform recht stark vom üblichen symmetrischen Bau der Fische ab. Bekannt hierfür sind die Plattfische *(Pleuronectiformes)*: Sie entwickeln sich im Lauf der Ontogenese so, dass sie sich – bildlich gesprochen – auf eine Seite legen und diese Seite dann zur Fischunterseite wird. Das Auge dieser Seite wandert jedoch auf die Oberseite.

Schwimmblase der Fische. Die Schwimmblase, hervorgegangen aus einer Ausstülpung am Vorderdarm, kommt nur bei Knochenfischen vor (vgl. Bild 4). Sie ermöglicht den Fischen, im Wasser annähernd bewegungslos zu schweben bzw. nur langsam zu Boden zu sinken. Ist die Luftblase prall gefüllt, so hat der Fisch eine relativ geringe Dichte und steigt infolge des Auftriebs im Wasser auch ohne Flossenschlag nach oben; ist die Schwimmblase wenig gefüllt, so ist die relative Dichte des Fisches recht hoch und der Fisch sinkt im Wasser ab.

Die Luftmenge in der Schwimmblase wird entweder über den Verbindungsgang zum Vorderdarm *(ductus pneumaticus)* oder durch das Oval (stark durchbluteter Bereich in der Schwimmblasenwand, sog. Gasdrüse) geregelt.

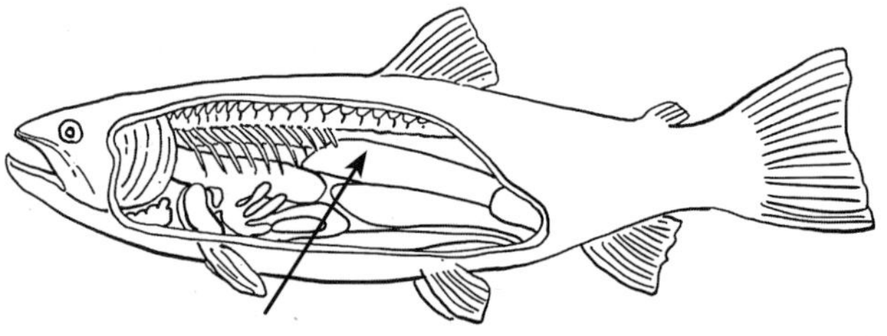

Bild 4: Schwimmblase

Lebensraum der Fische. Fische haben alle aquatischen Lebensräume auf der Erde besiedelt. Heute findet man Fische im eiskalten Nordpolarmeer, in warmen Gewässern der Tropen und Subtropen und auch in der dunklen Tiefsee der Ozeane in bis zu 5 000 m Tiefe. Etwa drei Viertel der heute bekannten Fischarten leben im Meer. Die *Einteilung der Fische* in Salzwasserfische und Süßwasserfische ist nicht immer auf den ersten Blick nachvollziehbar, wie die folgenden Beispiele zeigen:

Aale leben die meiste Zeit ihres Lebens in Flüssen und Seen (d. h. im Süßwasser), gelten aber als Salzwasserfische. Lachse dagegen leben die meiste Zeit ihres Lebens im Meer, dennoch gelten sie als Süßwasserfische. Das entscheidende Kriterium, ob ein Fisch zu den Salzwasserfischen (Meeresfischen) oder zu den Süßwasserfischen zählt, ist nicht sein Lebensraum, sondern das Laichgebiet: Lachse laichen in den oberen Bach- und Flussläufen (d. h. im Süßwasser), Aale dagegen laichen in der atlantischen Sargassosee vor den Bahamas.

Toxikologie. Infolge der hohen Empfindlichkeit und raschen Reaktion vieler Fische gegenüber Umweltveränderungen (pH-Wert, Temperatur, Sauerstoffkonzentration, Schwermetallkonzentration etc.) werden bestimmte Fischarten auch als Test- und Monitoring-Organismen beispielsweise in der Ökotoxikologie eingesetzt.

Osmoregulation bei Knochenfischen (Regulation des Salz- und Wasserhaushalts). Da die Ionenkonzentration – insbesondere an Na^+-, K^+-, Mg^{2+}- und Cl^--Ionen – im Meerwasser viel höher ist als die Ionenkonzentration in den Körperflüssigkeiten der Fische, können Meeresfische (gleichbedeutend: *Salzwasserfische*) nur deshalb überleben, weil sie spezielle Anpassungsmechanismen entwickelt haben, um die Ionenkonzentration im Körper niedrig zu halten und somit „im Meer nicht zu verdursten".

	Salzgehalt (Massenanteil in %; Durchschnittswerte im Jahresmittel)
Neusiedler See	0,2
Ostsee	0,8
Kaspisches Meer	1,3
Schwarzes Meer	1,8
Nordsee (Kieler Bucht)	3,5
Atlantik	3,5
Mittelmeer	3,7
Persischer Golf	4,0
Rotes Meer	4,0
Mono Lake	7,3
Großer Aralsee	7,5
Großer Salzsee (Utah)	25
Totes Meer (obere Wasserschicht, 20 cm)	28
Totes Meer (50 m Tiefe)	33
Don-Juan-See (Antarktis)	44 (weltweit höchster Wert eines Gewässers)

Bild 5: Salzgehalt in Gewässern (Salinität; Auswahl)

Das heißt, Meeresfische können im Gegensatz zu uns Menschen das salzreiche Meerwasser auch in größeren Mengen trinken, ohne dass es lebensgefährlich für sie wird.

Süßwasserfische haben genau das umgekehrte Problem wie Salzwasserfische, da ihre Körperflüssigkeiten eine höhere Konzentration an Ionen enthält als das sie umgebende Süßwasser. Das bedeutet, Süßwasserfische sind hyperosmotisch; im Süßwasser dringt aufgrund von Osmose also ständig Wasser in den Körper ein. Die Süßwasserfische betreiben deshalb Osmoregulation und scheiden viel stark verdünnten Harn aus, während die Salze (Solute) im Körper zurückgehalten werden. Im Salzwasser sind die Verhältnisse genau umgekehrt: Gegenüber dem Meerwasser sind die Salzwasserfische hypoosmotisch und scheiden Salze aus, während das Wasser im Körper zurückgehalten wird. Diese Fische produzieren recht wenig Harn, und zahlreiche Arten haben die Fähigkeit, beispielsweise über die Kiemenoberfläche Salze aktiv auszuscheiden.

Atmung der Fische. Bei den *Knochenfischen* liegen die Kiemen gut geschützt in den Kiemenhöhlen. Beim Absenken des Maulbodens und gleichzeitigen Abheben des Kiemendeckels kann das Wasser ins Maul strömen. Das Wasser tritt aus dem Maulraum durch die Kiemenspalten wieder nach außen, wenn der Fisch zwei Klappen im vorderen Maulbereich schließt und das Wasser im Maulraum nach unten presst, während sich die Kiemendeckel heben. Ein- und Ausatmen können nahezu synchron ablaufen.

Beim *Aal*, der bekanntlich an der Luft mehrere Minuten lang überlebt und nicht gleich erstickt wie die meisten anderen Fischarten, ist die Kiemenhöhle nur durch einen schmalen Spalt mit dem Außenmedium verbunden. Dadurch bleiben die Kiemen auch an Land einige Zeit feucht und somit funktionsfähig.

Schlammspringer können auch über die Haut beträchtliche Mengen an Sauerstoff aufnehmen. Der Schlammpeitzger, der – wie schon der Name sagt – in schlammigen Lebensräumen vorkommt, versorgt sich mit Sauerstoff, indem er Luft schluckt und über die Wände des stark durchbluteten Vorderdarms den Sauerstoff aufnehmen kann.

Labyrinthfische haben eine ganz besondere Atmung entwickelt: Sie können Sauerstoff aus der Luft, die in Schädelkammern gespeichert wird, durch Kiemenausstülpungen aufnehmen (vgl. Bild 6). Bei Fischen wie den Knochenhechten, bei denen die Schwimmblase noch mit dem Darm verbunden ist, wird Sauerstoff auch über die Schwimmblase resorbiert.

Bei den *Lungenfischen* haben sich die Darmausstülpungen zu Lungen entwickelt, weshalb diese Fischarten einige Zeit auch außerhalb des Wassers atmen und somit im Medium Luft vorübergehend leben können.

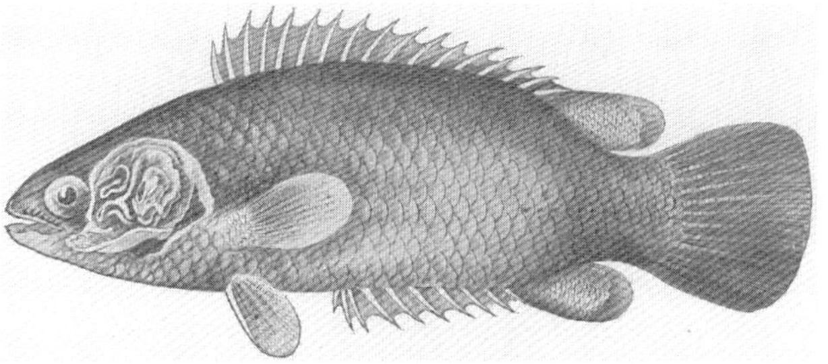

Bild 6: Labyrinthfisch

Fortpflanzung der Fische. Die meisten Fischarten legen Eier *(Rogen)*. Die Fischeier, die der Rogner (fortpflanzungsfähiger weiblicher Fisch) im Wasser ablegt, werden durch die weißliche Milch (Samenflüssigkeit mit Spermien) des Milchners (fortpflanzungsfähiger männlicher Fisch) befruchtet, weshalb man von *äußerer Befruchtung* spricht. Aus den befruchteten Eiern der Fische entwickeln sich über Embryos die Larven, die sich nach dem Schlüpfen zunächst von den Nährstoffen im Dottersack ernähren. Durch Metamorphose reifen die Fischlarven zu Adulttieren weiter heran.

Manche Fische wie beispielsweise die brutpflegenden Stichlinge des Süßwassers legen kaum 100 Eier, während die Lachse bis zu 20 000 Eier und Störe bis zu zehn Millionen Eier legen. Bei den Stichlingen übernehmen die Männchen die Brutpflege.

Nur wenige Fischarten – wie beispielsweise einige Hai- und Rochenarten sowie manche Knochenfische wie Guppys, Mollys und Platys – bringen lebende Junge zur Welt *(Viviparie)* und haben eine *innere Befruchtung*. Die männlichen Fische haben ein sog. Gonopodium, d. h. eine umgewandelte Extremität, die für die innere Befruchtung von Bedeutung ist und meist hakenförmig endet. Das Männchen führt bei der Begattung das Gonopodium für kurze Zeit in die Geschlechtsöffnung des Weibchens ein und die Haken am Ende des Gonopodiums verhindern, dass sich das Gonopodium vorzeitig vom Weibchen löst, sodass die Samenzellen nicht in den Eileiter des Weibchens gelangen und die Eizellen somit nicht befruchtet werden. Statistisch gesehen ist durchschnittlich nur etwa jeder zehnte Kopulationsversuch erfolgreich.

Seitenlinienorgan. Sieht man sich Knochenfische wie Karpfen, Forelle und Hecht etwas genauer an, so fällt schon mit bloßem Auge eine Besonderheit dieser Fischgruppe auf: An jeder Körperseite verläuft eine punktierte, leicht geschwungene Seitenlinie (beginnend hinter den Kiemen und bis zum Ansatz der Schwanzflosse), die auf das *Seitenlinienorgan* (vgl. Bild 7) hinweist. Hiermit kann der Fisch nicht nur die eigenen Bewegung erkennen, sondern auch kleinste Strömungsveränderungen (hervorgerufen beispielsweise durch Steine oder andere Fische) im umgebenden Wasser wahrnehmen und schnell reagieren.

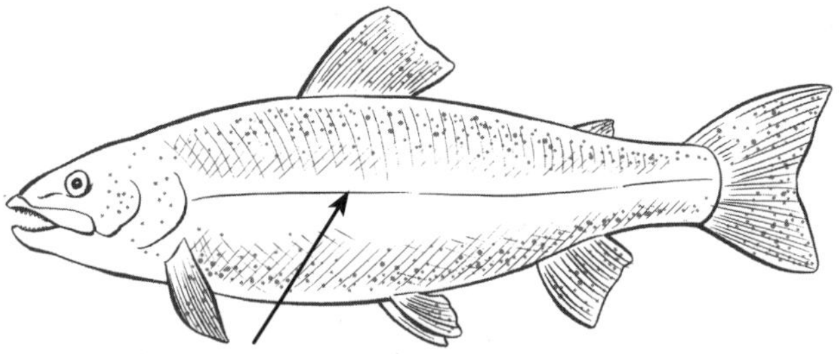

Bild 7: Seitenlinienorgan

Die schon mit bloßem Auge erkennbaren feinen Punkte sind in Wirklichkeit kleine Poren, die in einen feinen mit Flüssigkeit gefüllten Kanal unter den Schuppen münden.

Beim Schwimmen des Fisches strömt ständig Wasser in den Seitenlinienkanal, wodurch die in den Kanal hineinragenden gelatinösen Strukturen (sog. *Cupulae*) bewegt werden. In jede *Cupula* reichen die unterschiedlich langen (bis zu 100) Sinneshärchen *(Stereovilli)* der Haarzellen; die apikal sitzenden Sinneshärchen ähneln einer Reihe von Orgelpfeifen. Mithilfe dieser kurzen Sinneshärchen sowie der langen *Kinocilien* (sie dienen als Referenz für das Ausmaß der Auslenkung) können die Haarzellen, die wie die Sinneszellen in unserem Gleichgewichtsorgan *(Vestibularorgan)* zu den Mechanorezeptoren gehören, schon feinste mechanische Reize detektieren.

Die Haarzellen haben eine kaum vorstellbare Empfindlichkeit: Schon eine winzige Verbiegung der Sinneshärchen von 0,3 nm oder 0,003 Grad führt zu einer Änderung der Aktionspotenziale, die vom Seitenliniennerv dem Gehirn zugeleitet und dort wahrgenommen wird. Überträgt man diese Empfindlichkeit auf den Eiffelturm in Paris, so entspricht dies gerade einmal der Ablenkung um eine Daumenbreite an der Eiffelturmspitze in einer Höhe von 324 m (vgl. Purves u. a. 2006, S. 1 082).

Besonderheiten ausgewählter Fische

Fettflosse: Bei den Lachsartigen, Salmlerartigen und Welsartigen findet man zwischen Rücken- und Schwanzflosse die sogenannte Fettflosse, die – im Gegensatz zu den übrigen Flossen – kein Skelett hat.

Elektroplax: Zitteraale (Knochenfische) und Zitterochen (Knorpelfische) haben ein elektrisches Organ *(Elektroplax)*, das aus umgewandelten

Muskeln besteht und mit dessen Hilfe elektrische Entladungen von bis zu 1000 V und über 30 A erzeugt werden können (vgl. Bild 8). Durch solche „Stromschläge", die von den säulenartig zusammengeschalteten *Elektrocyten* (spezielle Muskelzellen ohne Myofibrillen) erzeugt werden, können Beutefische gelähmt und dann leicht gefangen werden.

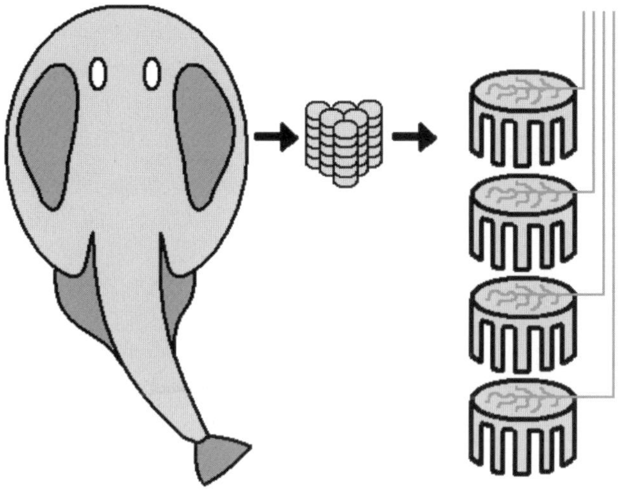

Bild 8: Elektroplax eines Rochens, bestehend aus mehreren seriell und parallel geschalteten Elektrocyten

Elektroortung: Knorpelfische wie Rochen und Haie können mithilfe der *Lorenzinischen Ampullen* (= Elektrorezeptoren in schlauchförmigen Ampullenorganen, die sich von den Seitenlinienorganen ableiten) auch schwache Gleichspannungen messen, die automatisch durch Muskeltätigkeit oder infolge von Meeresströmungen entstehen. Mithilfe dieser elektrischen Organe können beispielsweise Haie auch Beutefische erkennen, die von einer Sandschicht bedeckt und optisch gar nicht zu erkennen sind (sog. Elektroortung).

Die elektrischen Organe dienen bei Haien auch als „geomagnetischer Kompass", um sich zu einer bestimmten Zeit an einem bestimmten Ort zur Paarung zu treffen.

Leuchtorgane: Das allbekannte Naturschauspiel des *Meeresleuchtens* wird insbesondere durch Schwärme von Einzellern (z. B. *Dinoflagellat Noctiluca*) oder Leuchtquallen hervorgerufen. Es gibt – neben Vertretern beispielsweise aus den Gruppen der Bakterien, Protozoen, Krebsen (u. a. Krill), Kopffüßer, Insekten (z. B. Weibchen des Großen Leuchtkäfers, sog. „Glühwürmchen"), Pilzen und Algen – auch zahlreiche Fische, die Licht erzeugen können. Das bezeichnet man als *Biolumineszenz* (vgl. Bild 9).

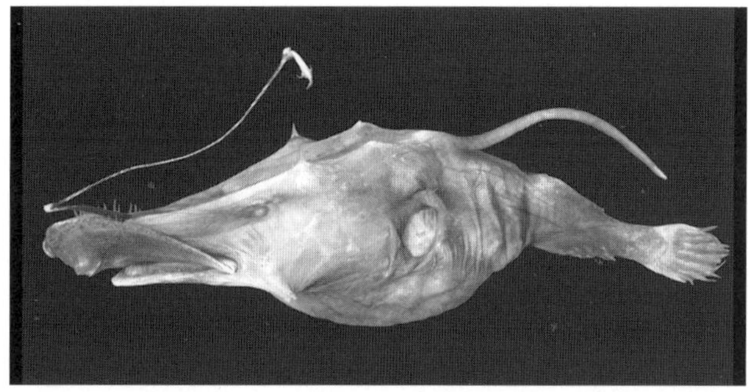

Bild 9: Laternenfisch (Tiefseeanglerfisch)

Diese Fähigkeit hat sich in den verschiedenen Reichen der Lebewesen parallel herausgebildet. Entweder erzeugen die Lebewesen das Licht mithilfe von Leuchtorganen *(Photophoren)* selbst oder es entsteht – wie bei marin lebenden Fischen – durch symbiontische Leuchtbakterien. Meist entsteht das Licht dadurch, dass durch das Enzym Luziferase ein Luziferin oxidiert und dabei in einer exothermen biochemischen Reaktion Licht frei wird. Biolumineszenz dient in der Natur nicht nur der innerartlichen Kommunikation, sondern beispielsweise auch zum Anlocken von Beute und zur Tarnung (hier wird der eigene Schatten von unten sichtbar gemacht).

Schützenfische: Die Schützenfische, die in tropischen Gewässern – meist mit Mangrovenbeständen – leben, haben ihren Namen von der Fähigkeit, einen gezielten Wasserstrahl auf Insekten abzuschießen (vgl. Bild 10). Die getroffenen Insekten fallen dann auf die Wasseroberfläche und werden von den Fischen gefressen. Schützenfische haben ein großes Maul und große Augen, sind seitlich stark abgeflacht, leben meist gesellig in kleinen Gruppen und können bis zu 40 cm lang werden.

Bild 10: Schützenfisch „auf der Jagd"

Seepferdchen ***(Hippocampi)***: Seepferdchen, nach dem mythologischen Meeresungeheuer Hippokamp bezeichnet, haben eine besondere Gestalt, die zunächst kaum an Fische erinnert. Typisch ist der pferdeartige Kopf, der für den Namen dieser in den Meeren der tropischen, subtropischen und gemäßigten Breiten weitverbreiteten Fischgruppe verantwortlich ist. Mehrere Seepferdchenarten findet man beispielsweise im Mittelmeer und im Ärmelkanal. Der Wickelschwanz dient zum Festhalten beispielsweise an Seegräsern und Artgenossen.

Fliegende Fische: Sie findet man in tropischen und subtropischen Regionen von Atlantik, Pazifik und Mittelmeer. Die Brustflossen – und teilweise auch die Bauchflossen – der Fliegenden Fische (eigene Familie) sind hoch am Körper angesetzt, flügelartig ausgebildet und sowohl für das Gleiten durchs Wasser als auch für das Gleiten in der Luft gut geeignet. Fliegende Fische katapultieren sich – beispielsweise bei der Flucht vor Fressfeinden – mithilfe ihrer kräftigen Schwanzflosse mit hoher Geschwindigkeit aus dem Wasser und können im Segelflug in einer Höhe von bis zu 5 m über dem Meer Strecken von bis zu 500 m zurücklegen und dabei Geschwindigkeiten von über 70 km/h erreichen (vgl. Bild 11).

Bild 11: Fliegende Fische (Größenvergleich mit Hand)

Lungenfische ***(Dipnoi)***: Derzeit kennen wir sechs rezente Arten von Lungenfischen, die ausnahmslos relativ träge sind und zu den Knochenfischen gehören. Man findet sie in Südamerika, Australien und Afrika. Ein besonderes Merkmal der Lungenfische ist es, dass sie nicht nur Kiemen (zur Atmung im Wasser) haben, sondern auch Lungen, womit sie Luft von der Wasseroberfläche atmen. Die relativ einfach gebaute Lunge der Lungenfische ist homolog zur Schwimmblase; Lungenfische kommen deshalb in der Regel einmal pro Minute an die Wasseroberfläche, um Luft einzuatmen. Einige Arten ersticken sogar, wenn sie nicht regelmäßig Luft einatmen können. Vom Afrikanischen Lungenfisch ist bekannt, dass er sich in einer Mischung aus Schleim und Schlamm verkapseln kann und mehrere Jahre – beispielsweise beim Austrocken von Flüssen – ohne Wasser leben kann. Die nächsten Verwandten der Lungenfische sind die Quastenflosser.

Schutz der natürlichen Lebensräume. In Deutschlands Gewässern gibt es über 50 verschiedene Fischarten. Die meisten davon leben in verschiedenem Alter in unterschiedlichen Gewässerzonen. Zwar hat in den bundesdeutschen Gewässern in den vergangenen Jahrzehnten die Wasserqualität deutlich zugenommen, dennoch gibt es infolge von Wasserkraftwerken, Schleusen, Staumauern und Wehren vielfältige Hindernisse, die Fische nicht ohne Weiteres überwinden können: Während Lachse eine Staumauer von 50 cm durch einen Sprung noch gut überwinden können, wird für eine Groppe eine Mauer von etwa 10 cm Höhe schon ein kaum zu überwindendes Hindernis. Durch aufwändig gestaltete Fischtreppen (vgl. Bild 12) kann den Fischen ermöglicht werden, in einem Fluss ungestört in beiden Richtungen zu wandern.

Bild 12: Gelungene, naturnah gestaltete Fischtreppe an der Dreisam (Freiburg im Breisgau)

Lehr- und Lernziele (Unterrichtsziele), Bildungsstandards und Kompetenzen

Bildung ist gerade heute eine zentrale Leitperspektive von Schule und Unterricht. Erst dann, wenn es dem Individuum gelingt, **Verfügungswissen** (Was *kann* ich tun? *Wie* kann ich etwas tun?) und **Orientierungswissen** (Was *darf* und *soll* ich tun?) konstruktiv in Beziehung zu setzen, kann sich eine kritische *Urteils- und Handlungskompetenz* herausbilden, die auf vernünftigem Handeln gründet und selbstbestimmtes, eigenverantwortliches, nachhaltiges Handeln auch außerhalb schulischer Kontexte – möglichst dauerhaft – ermöglicht (vgl. hierzu die klassischen Arbeiten des Philosophen MITTELSTRASS 1992).

Bild 13: Orientierungs- und Verfügungswissen in Anlehnung an MITTELSTRASS *(Schema; Skizze von* VERONIKA GERBER*)*

Lern- bzw. Bildungsprozesse bedürfen zweifelsohne eines fruchtbaren Bodens (d.h. geeigneter, anregender „Lernarrangements"), damit Unterrichtsergebnisse nicht nur formal – etwa als Tafelbild oder anhand eines Arbeitsblatts – festgehalten werden, sondern der Lernerfolg des einzelnen Schülers wirksam gesichert und nachhaltig gefördert werden kann. Infolge der kognitiven, affektiven, sozio-kulturellen, ethnologischen und lernbiografischen Unterschiedlichkeit (Diversität; gelegentlich wird schlicht von *„Heterogenität"* gesprochen) in einer Schulklasse bzw. Lerngruppe mit zum Teil 25 und mehr Individuen mit individuell unterschiedlichen Lernbiografien, Herkunftsmilieus und Sozialisationen ist es unverzichtbar, dieser Vielfalt in einer Klasse bzw. Lerngruppe durch geeignete Maßnahmen der *äußeren* und/oder *inneren Differenzierung* bzw. *Individualisierung* gezielt Rechnung zu tragen und dem individuellen Fördern – auch durch pädagogisches Fordern – den nötigen Raum zu geben. Darüber hinaus ist es erforderlich, durch Schaffung eines lernförderlichen emotionalen und sozialen Kontextes den naturgemäß verschiedenen neuronalen Strukturen der Lernenden konstruktiv Rechnung zu tragen und somit möglichst optimales Lernen eines jeden Schülers – in bildungsförderlichen Kontexten – zu ermöglichen.

Es stellt sich demnach nicht die pädagogisch-didaktische Leitfrage, ob – wie in unserem Beispiel „Fische" – geschlossene *oder* offene Unterrichtsformen geeignet sind bzw. welcher „Methodenmix" im Biologieunterricht angesagt ist, sondern vielmehr – und darauf verweisen auch die neuesten empirischen Untersuchungen zu erfolgreichem Unterricht wie beispielsweise die Metaanalysen des Melbourner Unterrichtsforschers John Hattie (2009, 2012, 2013) – ist aufzuspüren, welches die *geeigneten* konzeptionellen Rahmenbedingungen sowie Organisationsformen und schüler- und sachadäquaten Methoden für *diese* Schüler in *dieser* Klasse bzw. Lerngruppe und *diese* besondere Thematik sind, damit nicht nur Lernprozesse gezielt gefördert werden, sondern nachhaltige Bildungsprozesse bestmöglich gelingen.

Die breit angelegten metaanalytisch ausgerichteten Forschungsarbeiten von John Hattie (2009, 2012, 2013), denen weit über 1000 empirische Studien über Unterricht zugrunde liegen, zeigen einerseits, wie wichtig eine tragfähige pädagogisch-didaktische Konzeption, eine reflektiert sach- und schüleradäquate Methoden- und Medienwahl bei einer Unterrichtsthematik, eine fachlich und fachdidaktisch versierte, engagiert unterrichtende Lehrperson und ein sorgfältig abgewogener Wechsel von Instruktion und Offenheit innerhalb eines klaren, transparenten konzeptionellen Rahmens sind. Andererseits lassen die HATTIEschen Metaanalysen recht gut erkennen, dass eine nicht nur fachlich, sondern auch didaktisch-psychologisch kompetent agierende Lehrperson, die das erworbene fachliche, fachdidaktische und pädagogisch-psychologische Wissen auch auf Unterricht anwenden kann und der die Förderung von Lernprozessen bei den einzelnen Schülern sowie gezielte (formative und summative) Rückmeldungen an die Person des Lernenden wichtig sind, ganz entscheidende Variablen für gelingenden Unterricht darstellen.

Im Sinne von **Zielsetzungen, Schwerpunkten** bzw. **Unterrichtszielen** wird in der Lehr-Lern-Einheit „Fische" – erarbeitet mittels der Methode des Lernens an Stationen – angestrebt, dass die Jugendlichen nach Bearbeitung der Stationen einen guten Lern- und Erkenntniszuwachs haben und folgende **Kompetenzen** erwerben können.

Fachlich-sachliche Kompetenzen:
Die Lernenden …
- … können mindestens fünf einheimische Fische benennen.
- … können die zwei großen Gruppen von Fischen (Knochenfische und Knorpelfische) voneinander abgrenzen, jeweils mindestens zwei Fischarten nennen und mindestens zwei Merkmale von Knochenfischen und Knorpelfischen nennen und erläutern.
- … können die äußeren Teile eines Fisches anhand eines Realobjektes oder eines Bildes benennen.
- … können den Gasaustausch im Bereich der Kiemen beschreiben.
- … können an einem Beispiel die Fortpflanzung der Fische erklären.

Fachlich-sachliche sowie methodisch-strategische Kompetenzen:
Die Lernenden …
- … können den inneren Bau der Fische anhand eines Modells erläutern und Methoden aufzeigen, wie man einzelne Organe von Fischen erforschen kann.
- … sind in der Lage, die Funktion und Bedeutung der Schwimmblase anhand eines Modellversuchs zu beschreiben.
- … können einen Zusammenhang zwischen Ernährung, Körperbau und Bewegung bei Fischen herstellen und begründen, welche biologische Bedeutung den Anpassungserscheinungen zugrunde liegt.
- … erforschen das Funktionsprinzip des Seitenlinienorgans und können methodische Vorgehensweise und Funktionsprinzip dieses Organs erläutern.
- … können mithilfe verschiedener Informationsquellen zentrale Sachinformationen „herausdestillieren", d. h. wichtige von weniger wichtigen Informationen unterscheiden, die Sachinformationen übersichtlich darstellen und Mitschülern erläutern.

Methodisch-strategische sowie personale Kompetenzen:
Die Lernenden …
- … können Informationen zusammenfassen, strukturieren und präsentieren.

Personale und sozial-kommunikative Kompetenzen:
Die Lernenden …
- … erhalten vielfältige Möglichkeiten, das eigene Wissen anschlussfähig zu erweitern, sich im sozialen, kooperativen Lernen zu üben und Wissen anzueignen, eigene Stärken und Schwächen zu erkennen bzw. Grenzen der Teamarbeit zu sehen und zu beurteilen sowie konstruktiv mit anderen zusammenzuarbeiten.

Personal-emotionale Kompetenzen:
Die Lernenden …
- … sind in der Lage, weitgehend selbstständig und selbstorganisiert das eigene Lernen zu organisieren, innerhalb eines abgesteckten Rahmens und in angemessener Zeit adäquate Aufgaben zielführend zu erledigen und angemessen zu verantworten.
- … erkennen die Sinnhaftigkeit der Unterrichtsthematik „Fische" für sich und können das erworbene Wissen auf die eigenen Lern- und Lebenssituationen anwenden.
- … sind zunehmend besser in der Lage, ethisch verantwortlich zu handeln sowie das Handeln von sich und anderen kritisch-konstruktiv zu beurteilen.

Fachlich-sachliche, methodisch-strategische, sozial-kommunikative sowie personale Kompetenzen:
Die Lernenden …
- … können Aussagen und Bilder beispielsweise in Kinderbüchern zum Themenfeld „Fische" kritisch analysieren, sachliche Fehler aufzeigen und begründen, warum beispielsweise ein Wal kein Fisch ist.

Bild 14: Wirtshausschild „Walfisch" (Freiburg im Breisgau)

Die bei diesem Lernen an Stationen zum Thema „Fische" zu erwerbenden bzw. zu erweiternden *Qualifikationen* (die objektiv, d. h. intersubjektiv überprüfbar sind) und *Kompetenzen* (die – ähnlich wie Bildung – recht komplex und nur aus dem Handeln einer Person erschließbar sind) liegen demnach sowohl im sachlich-fachlichen, im instrumentell-methodischen, im sozial-kommunikativen als auch im personal-emotionalen Bereich, wobei neben den sachlich-fachlichen (Er-)Kenntnissen insbesondere anschlussfähige formale Fähigkeiten wie gezieltes Problemlösen, die Fähigkeit zum vernetzenden Denken und ethisch verantwortlichen Handeln eine besondere Bedeutung erlangen.

Als Autor wünsche ich Ihnen viel Freude und Erfolg bei Ihrer unterrichtlichen Arbeit und viel Freude beim Unterrichten des interessanten, bei Schülern aller Altersstufen und Schularten recht beliebten Faches Biologie – stets im Bewusstsein, dass wir den Biologieunterricht für unsere Schüler sach- und schülerorientiert planen, gestalten und lernförderliche Rahmenbedingungen schaffen, d. h. mit „beiden Augen" (dem pädagogisch-didaktischen Auge und dem fachlich-sachlichen Auge) den Unterricht potenziell lern- und bildungswirksam planen, gestalten, reflektieren und nachhaltig weiterentwickeln.

Ihr Biologiekollege wünscht Ihnen hierbei
viel Erfolg

Erwin Graf, Freiburg im Breisgau

Literatur (Auswahl)

BAYRHUBER, H., KULL, U., HAUBER, W. (Hrsg.): Linder Biologie. Hannover 2014

BRAUN, J., PAUL, A. (Hrsg.): Biologie heute S II. Braunschweig 2011

CAMPBELL, N. A., REECE, J. B.: Biologie. Heidelberg/ Berlin 2009

GRAF, E. (Hrsg.): Biologiedidaktik für Studium und Unterrichtspraxis. Donauwörth 2012

GERSTMEIER, P., ROMIG, T.: Die Süßwasserfische Europas. Stuttgart 2003

HATTIE, J.: Visible Learning. A synthesis of over 800 meta-analyses relating to achievement. London 2009

ders.: Visible Learning for Teachers. Maximizing Impact on Learning. London 2012

ders.: Lernen sichtbar machen. Hohengehren 2013

HATTIE, J., YATES, G.: Visible Learning and the Science of How We Learn. London 2014

MITTELSTRASS, J.: Leonardo-Welt. Über Wissen, Forschung und Verantwortung. Frankfurt a. M. 1992

PURVES, W. K., SADAVA, D., ORIANS, G. H., HELLER, H. C.: Biologie. München 2011

Bild 15: Die Schüler kennen verschiedene Fische und ihre (besonderen) Fähigkeiten aus ihrem Alltag; manche pflegen sie sogar als Haustiere.

Anregungen für die Planung, Durchführung und Auswertung des Lernens an Stationen

Beim Lernen an Stationen (synonym: Stationenlernen, Lernzirkel) kommt es darauf an, dass sich die Lernenden im zielorientierten Arbeiten im Team üben, ihre fachlich-sachlichen, methodisch-strategischen und sozial-kommunikativen Kompetenzen – und somit ihr sinnorientiertes Handlungswissen sowie die entsprechenden Kompetenzen – nachhaltig erweitern. Zudem werden den Lernenden vielfältige Möglichkeiten eröffnet, sich im selbstständigen, eigenverantwortlichen, **nachhaltigen Handeln** mit seinen individuellen, sozialen, ökonomischen und ökologischen Bezügen zu üben.

Durch das Lernen an Stationen soll der systematische Aufbau von nachhaltigem Wissen bei jedem einzelnen Schüler gefördert werden. Das heißt, mithilfe der verschiedenen Methoden kann den unterschiedlichen Lernvoraussetzungen und Lernerfahrungen der Schüler Rechnung getragen und die Lernenden in ihrer Fach-, Methoden, Medien- und Sozialkompetenz vorangebracht, d. h. in ihrer **Lern-, Handlungs- und Urteilskompetenz** gefordert und bildungswirksam gefördert werden.

Damit die Lernenden ihren Lernfortschritt und Kompetenzzuwachs während der Stationenarbeit feststellen können, ist zur Förderung der Selbstständigkeit und Eigenverantwortung folgende Vorgehensweise empfehlenswert und sinnvoll: *Vor* Beginn der Arbeit an den Stationen erhalten die Schüler den **Vortest** (s. Vorlage S. 19 ff.), den sie in Einzelarbeit bearbeiten sollen und mit dessen Hilfe sie ihr Vorwissen zum Thema feststellen können. Der Vortest verbleibt bei dem jeweiligen Schüler und wird – so mein Vorschlag – zunächst nicht korrigiert.

Nach der Stationenarbeit erhalten die Schüler den zum Vortest identischen **Nachtest** (s. Vorlage S. 19 ff.) zur individuellen (bzw. je nach pädagogisch-didaktischer Intention ggf. gemeinsamen) Bearbeitung. Den bearbeiteten Vortest sowie den Nachtest können die Schüler evtl. selbst korrigieren bzw. von einem (selbst gewählten oder nach dem Zufallsprinzip zugewiesenen) Partner korrigieren und mit erreichten Punkten vermerken lassen, sofern ein *Lösungsblatt* (s. Vorlage S. 64 f.) – ggf. kopiert als Overhead- oder PowerPoint-Folie – mit dem Erwartungshorizont für die verschiedenen Aufgaben zur Verfügung gestellt wird.

Auf der Grundlage des Lernfortschritts (Vergleich der erreichten Punkte von Vortest und Nachtest) des einzelnen Schülers bietet es sich an, gezielte **Feedback**-Gespräche mit den Schülern hinsichtlich ihres subjektiven Lernfortschritts (auf der Grundlage der individuellen Bezugsnorm) zu führen und mit den Lernenden Gespräche darüber zu führen, wie die gemachten Erfahrungen im Hinblick auf künftige Lernprozesse fruchtbar werden können. Dabei ist es empfehlenswert, diese „(Ziel-)Vereinbarungen" schriftlich festzuhalten und das Protokoll – ggf. im Rahmen eines Portfolios bzw. Lernfortschrittprotokolls – auch vom betreffenden Schüler sowie Lerncoach unterschreiben zu lassen und auf diese Weise die Lernfortschritte über einen längeren Zeitraum auch zu dokumentieren.

Zu Beginn der Stationenarbeit ist mit der Klasse sinnvollerweise zu klären und genau abzusprechen, in welchen möglichen sozialen Gruppierungen gearbeitet werden kann bzw. soll (z. B. Partnerarbeit mit einem selbst gewählten Mitschüler, Arbeit in Dreier-Zufallsgruppen usw.), welche bzw. wie viele Stationen insgesamt bzw. welche sog. **Pflichtstationen** und welche (ggf. fakultativen) **Wahlstationen** (Pufferstationen) für die Schüler verbindlich sind, wie viel Unterrichtszeit (Anzahl der Unterrichtsstunden) insgesamt zur Verfügung steht, wie die Fixierung bzw. Protokollierung der erarbeiteten Ergebnisse durch die Schüler erfolgen soll u. a. m. Ferner sollten die Schüler vor Beginn der eigentlichen Stationenarbeit einen orientierenden Überblick – ggf. mittels Folienkopie der Übersicht über die Stationen (s. S. 18) – über die Themenbereiche der einzelnen Stationen erhalten, damit auch den **Interessen** und **Bedürfnissen** der Schüler bestmöglich Rechnung getragen und so das Lernen – angeregt auch durch soziale Kontexte – gefördert werden kann.

Bei Bedarf können von der Lehrperson **weitere Stationen** zur Verfügung gestellt werden; beispielhaft seien genannt: Aale – faszinierende Fische, Fischfang früher und heute, Fische in der Ernährung (verschiedener Länder), Sushi – rohen Fisch genießen, Kaviar, Einrichten eines Aquariums, Forellenzucht, Haltbarmachen von Fischen, Bedrohung verschiedener Hai-Arten, Fische im Korallenriff, Aquakulturen – pro und kontra, Fische in der Kunst, Fische als Symbole, Fischcollagen etc.

Während der eigentlichen Stationenarbeit, die sich – je nach didaktischen Intentionen, zur Verfügung stehender Unterrichtszeit, Interessenlage der Klasse usw. – über einen Zeitraum von bis zu acht und mehr Unterrichtsstunden (besonders günstig: Doppelstunden oder Projektphasen/-tage) erstrecken kann, kommen der Lehrperson insbesondere auch die Aufgaben eines Beobachters, Diagnostikers, Beraters, Anregers und Moderators (weniger die eines passiven Lernbegleiters) zu, denn schließlich sollen die Schüler möglichst selbstbestimmt und selbstständig die zu bearbeitenden Aufgaben lösen, sich selbst kontrollieren und eigenes Handeln im Sinne von Metakognition sich immer wieder bewusst machen, d. h., den formativen und summativen **Feedback-Gesprächen** in der Lerngruppe sowie denen zwischen Schülern und Lehrperson kommt eine entscheidende Rolle bei diesem Lehr-Lern-Prozess zu (vgl. Hattie 2009, 2012, 2014).

Die ersten vier Stationen haben **orientierenden Überblickscharakter**, d. h., es ist empfehlenswert, wenn alle Lernenden mit diesen Stationen in arbeitsgleicher Kleingruppenarbeit beginnen und sich im selbstständigen Arbeiten in Gruppen üben können.

Am Ende der Stationenarbeit sollte auf eine **Lernerfolgs- bzw. Ergebnissicherung** und gemeinsame Vergewisserung über die korrekten Ergebnisse an den einzelnen Stationen und Reflexion des Stationenlernens im Sinne von Meta-Unterricht auf keinen Fall verzichtet werden. Hierzu bieten sich verschiedene Möglichkeiten an, von denen einige im Folgenden im Sinne einer Auswahl genannt sind:

- Jeweils eine Schülergruppe stellt die Ergebnisse *einer* bestimmten Lernstation vor (mittels Versuchen, Plakaten, PowerPoint-Präsentation etc.).
- Die Ergebnisse jeder Lernstation werden im *Klassengespräch* besprochen und gemeinsam fixiert.
- Der *Erwartungshorizont* für jede Station liegt auf einem bestimmten Tisch im Klassenzimmer oder Fachraum aus, sodass die Schüler ihre Ergebnisse mit denen der Modelllösung vergleichen und die eigenen Lösungen ggf. korrigieren und komplettieren können.
- Jede Schülergruppe erstellt für eine Station – „in geheimer Mission" für die ihr zugewiesene / von ihr in Absprache mit der Lehrperson gewählte Station – eine Testaufgabe mit Erwartungshorizont; in einem abschließenden Wettbewerb können sich die einzelnen Gruppen untereinander messen und feststellen, welches Gruppenergebnis (ermittelt mittels Punktzahl) sie erzielt haben und auf welchem Rang innerhalb der Klasse sie „gelandet" sind.

Lösungen

Die Lösungen zu den einzelnen Stationen, die beispielsweise an einem „Lösungstisch" während der Stationenarbeit ausgelegt werden können und der Förderung der Selbstkontrolle, Selbstständigkeit und Eigenverantwortung dienen, sind benutzerfreundlich in diesem Heft ab S. 64 abgedruckt. Die Lösungen können beispielsweise als Erwartungshorizont der Lehrperson sowie zur **Schülerselbstkontrolle** bei Vortest und Nachtest eingesetzt und während der Stationenarbeit an zentraler Stelle im Klassen- oder Fachraum ausgelegt werden. So kann das selbstständige, eigenverantwortliche, ziel- und prozessorientierte Lernen der Jugendlichen gezielt gefördert werden.

Hinweise für das Lernen an Stationen

1. Arbeitet mit eurem Partner oder in Kleingruppen (3er-, 4er- oder 5er-Gruppen) zusammen an den Stationen und unterstützt euch gegenseitig.
2. Geht mit den Materialien an den Stationen sorgfältig um.
3. Holt euch zu Beginn der Stationenarbeit die benötigten Materialien von ihrem Aufbewahrungsort (z. B. Wandschrank, Laborwagen) bzw. bearbeitet die Stationen am jeweiligen Tisch, wo die Station aufgebaut ist, bzw. am Platz, den euer Lehrer / eure Lehrerin euch zugewiesen hat.
4. Bringt die Materialien nach beendeter Arbeit an der Station wieder an den vorgesehenen Platz zurück bzw. legt die Materialien am vorgesehenen Platz so bereit, dass die nächste Schülergruppe zügig mit der Arbeit beginnen kann.
5. Achtet darauf, dass die Materialien stets vollzählig sind und in gutem Zustand bleiben. Meldet eurem Lehrer / eurer Lehrerin, wenn die Stationsmaterialien unvollständig sind.
6. Bearbeitet die Aufgaben an den Stationen sorgfältig und zügig.
7. Notiert (protokolliert) eure Ergebnisse übersichtlich, vollständig und optisch ansprechend.
8. Fertigt eure Skizzen mit einem spitzen Bleistift mittlerer Härte (Empfehlung: HB) an.
9. Versucht die auftretenden Fragen und Probleme möglichst in der Kleingruppe selbstständig zu lösen. Kommt ihr dennoch bei bestimmten Aufgaben nicht weiter, so wendet euch an die Lehrperson.
10. Füllt das „Arbeitsprotokoll" auf dem Laufzettel bei jeder Stationenarbeit so aus, dass ihr einen Überblick über die bereits bearbeiteten Stationen und die dafür benötigte Zeit habt.

... und nun viel Freude und Erfolg!

Übersicht über die Stationen mit Laufzettel

Name: ______________________ Klasse: ______ Datum: ____________

Station	Name	Datum	Dauer (in Min.)	Zusammen-arbeit mit …	Bemerkungen	Kontrolle
1	Fisch-Suchbild					
2	Die Einteilung von Fischen – verschiedene Möglichkeiten					
3	Einheimische Fische					
4	Exotische Fische					
5	Wir sezieren eine Forelle					
6	Der Körperbau der Fische					
7	Die Fortbewegung von Fischen					
8	Experimente zur Geschwindigkeit im Wasser					
9	Die Schwimmblase					
10	Das Seitenlinienorgan					
11	Die Atmung von Fischen					
12	Ist im Wasser Luft vorhanden?					
13	Fortpflanzung und Entwicklung von Fischen am Beispiel der Bachforelle					
14	Das Leben der Lachse					
15	Interessante Fische und ihre Fähigkeiten					
16	Der Mensch nutzt die Fische für seine Ernährung					
17	Verschiedene Hai-Arten am Körperbau erkennen					
18	Wissenswertes zum Thema „Haie"					
A	*Fischpuzzle*					
B	*Buchstabenpuzzle zum Thema „Fische"*					
C	*Teile eines Fisches RICHTIG benennen*					
D	*Mindmap zum Thema „Fische"*					

Datum: ______________ Klasse/Lerngruppe: ______ erreichbare Punktzahl: **37**
(34 Punkte + 3 Jokerpunkte)

Name: ____ erreichte Punktzahl: ______

Test zum Thema „Fische"

◯ **Vortest** am ______________ ◯ **Nachtest** am ______________

1. Hier sind sechs Fische abgebildet. Ordne den Bildern die richtigen Namen zu: **(6 P.)**
Aal, Hecht, Forelle, Karpfen, Tigerhai, Scholle.

________________________ ________________________ ________________________

________________________ ________________________ ________________________

2. Das Bild zeigt einen typischen Fisch. Benenne die neun Teile des Fisches. **(8 P.)**

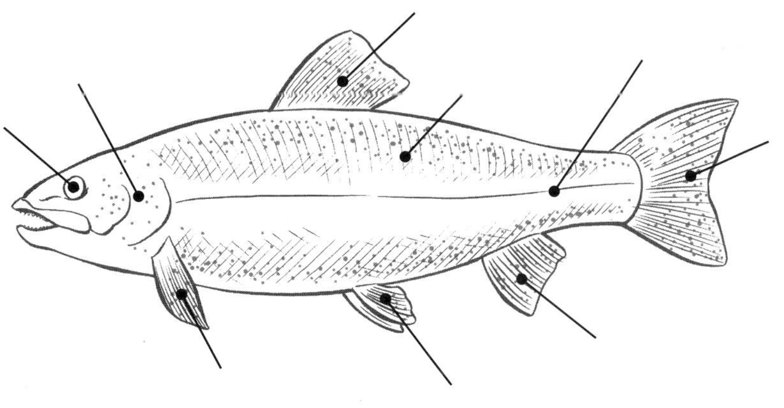

3. Kreuze an, was für die Bachforelle zutrifft: **(3 P.)**

- ◯ Sie ist ein Friedfisch.
- ◯ Sie hat im Maul viele kleine Zähne.
- ◯ Sie wird bis zu 120 cm lang.
- ◯ Sie bringt lebende Junge zur Welt.
- ◯ Sie legt Eier.
- ◯ Sie ist ein Raubfisch.
- ◯ Sie hat eine Lungenatmung.

Eine Bachforelle

4. Welcher „Gasaustausch" erfolgt in den Atmungsorganen der Fische? **(2 P.)**

____

____

____

5. Viele Fische haben eine Schwimmblase. Welche Aufgabe hat dieses Organ? **(2 P.)**

____

____

____

____

____

6. Kreuze die richtige/n Antwort/en an: Das Seitenlinienorgan bei Fischen ... **(2 P.)**

- ◯ ... dient dem Riechen.
- ◯ ... dient der schnelleren Fortbewegung.
- ◯ ... dient zum Atmen.
- ◯ ... ist das Geschlechtsorgan.
- ◯ ... hilft den Fischen bei der Orientierung.
- ◯ ... ist eine Art Magnet, der die Beutetiere anzieht.

7. Erkläre folgende Begriffe: **(4 P.)**

a) Rogner: ______________________________

b) Milchner: ______________________________

c) Rogen: ______________________________

d) äußere Befruchtung: ______________________________

8. Hier sind drei Fische abgebildet. Kreuze an, welcher dieser Fische ein Lachs ist. **(1 P.)**

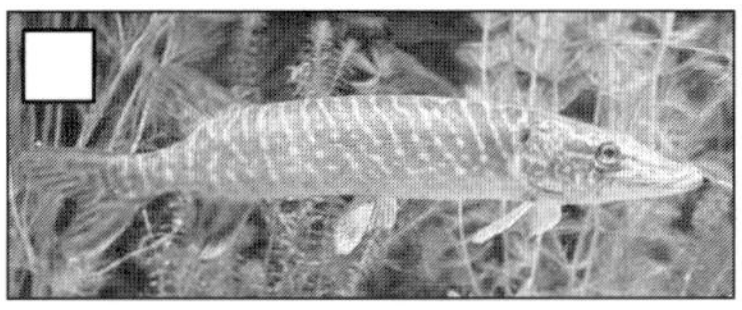

9. Hier sind sechs Fische abgebildet. Kreuze die Bilder an, auf denen kein Hai abgebildet ist **(4 P.)**

1

2

3

4

5

6

10. Nenne mindestens zwei Merkmale, woran man Knochenfische von Knorpelfischen klar unterscheiden kann. **(2 P.)**

Knochenfische haben …

- ______________________________
- ______________________________
- ______________________________
- ______________________________

***Jokeraufgabe**: „Im Wasser soll Luft sein?", stimmt das? Wenn ja, wie lässt sich das zeigen? **(*3 P.)**
(Beachte unter anderem: Welche Bedeutung hat die Luft im Wasser? – Luft in kaltem und warmem Wasser? – usw.)

____

____

____

____

____

Station 1: Fisch-Suchbild

Name: ______________________ Klasse: ______ Datum: __________

Die verschiedenen Fischarten unterscheiden sich schon auf den ersten Blick. An dieser Station bekommst du einen ersten Überblick über die verschiedenen Fischarten.

Eine Bachforelle

Material: Holzmalstifte, Blockblatt

Aufgaben:

1. Auf dem folgenden Bild hat der Zeichner zahlreiche Fische eingezeichnet. Sieh dir das Bild genau an.
2. Schreibe zu den Fischen kleine Zahlen und benenne die Fischarten, die du kennst, auf einem Extrablatt.
3. Vergleiche deine Vermutungen mit der Musterlösung, die am Lösungstisch ausliegt.
4. Male alle Fischarten, die du kennst, mit Holzmalstiften aus.

Station 2: Die Einteilung von Fischen – verschiedene Möglichkeiten

Name: ____________ Klasse: ______ Datum: ____________

Im Alltag unterscheiden wir zwischen verschiedenen Gruppen von Fischen. An dieser Station lernt ihr einige Gruppen von Fischen kennen.

Material: Informationstext, Blockblatt

Aufgaben:

1. Hier sind verschiedene Fische zu sehen, die man in unterschiedlichen Gruppen zusammenfassen kann.

a) Kreist mit der Farbe *Rot* die Fische ein, die Süßwasserfische sind.

b) Kreist mit der Farbe *Blau* die Fische ein, die Meeresfische (Salzwasserfische) sind.

c) Kreist mit der Farbe *Grün* die Fische ein, die Friedfische sind.

d) Kreist mit der Farbe *Violett* die Fische ein, die Raubfische sind.

Tipp: Nutzt als Informationsquelle den Informationstext auf den folgenden Seiten.

Bachforelle

Hecht

Karpfen

Scholle

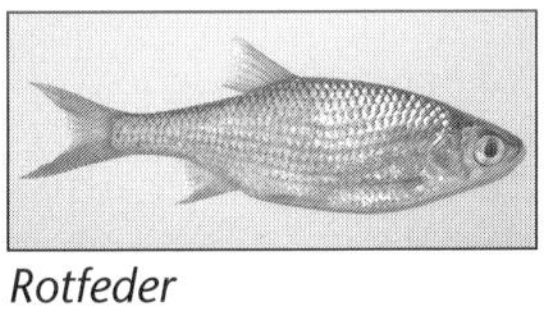
Rotfeder

Ukelei

Thunfisch

Tigerhai

Zander

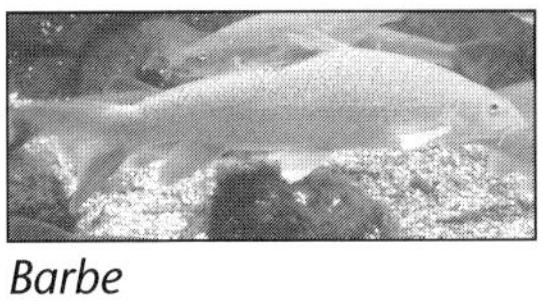
Barbe

Blaufelchen

Wels

2. Kennt ihr noch weitere Möglichkeiten, wie man Fische einteilen kann? Wenn ja, welche? Notiert sie auf einem Extrablatt.

3. Begründet auf dem Extrablatt, weshalb alle Fische zu den Wirbeltieren gehören.

Informationstext zu Station 2: Die Einteilung von Fischen – verschiedene Möglichkeiten

Es gibt sehr viele verschiedene Arten von Fischen, aber alle Fische gehören zu den Wirbeltieren: Alle Fische haben eine **Wirbelsäule**. Die verschiedenen Fischarten unterscheiden sich voneinander beispielsweise in ihrer Größe, Farbe, Ernährung, Fortpflanzung, ihrem Lebensraum und ihrem Verhalten.

Bei der **Einteilung der Fische** kann man die Fische ganz unterschiedlich ordnen. Meist unterscheidet man **Raubfische** (ernähren sich von anderen Fischen, die sie jagen) und **Friedfische** (ernähren sich vorwiegend von Pflanzen, Insekten und Wasserschnecken). Eine andere Einteilung der Fische ist die in **Süßwasserfische** (leben in Seen, Bächen und Flüssen) und **Salzwasserfische** (Fische im Meer).

Beispiel Bachforelle: Die Bachforelle ist ein Fisch, der sich vor allem von anderen Fischen ernährt. Deshalb ist die Forelle ein **Raubfisch**. Da die Forelle nicht im Meer (Salzwasser) lebt, sondern in Bächen und Flüssen, zählt die Forelle zu den **Süßwasserfischen**.

Im Folgenden sind einige Fische aufgeführt, die euch bei der Bearbeitung der Aufgaben von Station 2 helfen.

Bachforelle

- Sie lebt in kühlen, sauerstoffreichen Bächen und Flüssen.
- Sie ernährt sich von kleineren Fischen, Wasserschnecken, Wasserinsekten, Kaulquappen usw.
- Sie ist ein schneller, wendiger Raubfisch.
- Sie wird bis zu 80 cm lang.
- Sie wird bis zu 2 kg schwer.

Barbe

- Sie lebt in sauerstoffreichen Bächen und Flüssen mit sandigem oder steinigem Untergrund.
- Sie liebt stärkere Strömungen.
- Sie ist ein Friedfisch, der sich von kleinen Wasserinsekten und Schnecken ernährt.
- Sie lebt meist gesellig.
- Sie hat einen grünlichen Körperrücken.
- Sie hat 4 Barteln am Kopf (2 Barteln an Oberlippe, 2 Barteln an Unterlippe).
- Sie kann bis zu 1 m lang und bis zu 10 kg schwer werden.
- Sie wird nach 4–5 Jahren geschlechtsreif.

Blaufelchen (Bodenseefelchen)

- Es ist ein wohlschmeckender Speisefisch.
- Es lebt im Bodensee.
- Es wird bis zu 100 cm lang.
- Es frisst vor allem kleine Fische, Krebse und Wasserschnecken.
- Der Rücken ist blau-grün.
- Die Seiten sind silbrig.

Hecht

- Er hat einen lang gestreckten Körper.
- Er hat einen großen Kopf mit einem großem Maul.
- Er hat im Maul viele kräftige Zähne.

- Er ernährt sich vor allem von Fischen und Krebsen, schnappt sich aber auch kleinere Wasservögel und deren Küken.
- Er hält sich gerne in Ufernähe von größeren Seen und Flüssen auf.
- Er wird bis zu 150 cm lang.
- Er wird bis zu 15 kg schwer.
- Er ist ein sehr schneller Schwimmer.

Karpfen

- Er wird bis zu 100 cm lang und bis zu 40 kg schwer.
- Er ist ein langsamer Schwimmer in Seen und Teichen sowie in warmen Zonen langsam fließender Flüsse.
- Im Sommer schwimmen die Karpfen im warmen Seewasser, oft nahe an der Oberfläche.
- Er ist ein Friedfisch, der sich von Pflanzen, kleinen Insekten und Wasserschnecken ernährt.
- Er ist ein beliebter Speisefisch (z. B. als „Weihnachtskarpfen").
- Es werden viele verschiedene Karpfenarten gezüchtet, auch bunte Karpfen (z. B. „Koi", sehr beliebt in Ostasien).

Rotfeder

- Die Flossen am Rand sind leicht rötlich.
- Sie hat einen hohen Rücken.
- Sie hat einen seitlich stark abgeflachten Körper.
- Sie wird bis zu 50 cm lang.
- Sie ist ein reiner Pflanzenfresser.
- Sie ist ein Schwarmfisch.
- Sie bevorzugt stehende oder langsam fließende Gewässer (Seen, größere Teiche, langsam dahinfließende Flüsse) mit schlammigem Untergrund.

Scholle

- Sie hat einen abgeplatteten Körper („Plattfisch").
- Sie ist ein wohlschmeckender Speisefisch aus dem Salzwasser.
- Sie hat die Augen auf der Oberseite.
- Die Unterseite ist hell.
- Sie kann sich mit der Oberseite an die Umwelt gut anpassen (tarnen).
- Sie unternimmt große Wanderungen im Meer.
- Sie ernährt sich von kleinen Fischen, Kleinkrebsen und Muscheln.
- Sie wird bis zu 70 cm lang.
- Sie wird bis zu 50 Jahre alt.

Thunfisch

- Er ist ein großer Raubfisch: bis zu 5 m lang.
- Er lebt meist in großen Schwärmen.
- Er wird bis zu 700 kg schwer, d. h. so schwer wie eure ganze Klasse.
- Er lebt in allen Meeren, mit Ausnahme der Polarmeere.
- Er kann über Stunden mit ca. 50 km/h schwimmen.
- Er wandert über große Strecken den Fischschwärmen hinterher.
- Er hat eine halbmondförmige Schwanzflosse.

Tigerhai

- Der Name kommt daher, weil die Jungtiere eine „getigerte“ Körperfärbung haben; diese typische Körperfärbung verliert sich zunehmend bei älteren Tigerhaien.
- Er lebt im Meer, insbesondere in trübem Wasser.
- Er bevorzugt tropische Meere und Regionen, wo Flüsse ins Meer münden.
- Er jagt vor allem in der Dämmerung und nachts, nahe der Küste.
- Er ernährt sich von Schildkröten, Meeresvögeln und Fischen (auch anderen Haien).
- Er wird bis zu 6 m lang.
- Er bringt lebende Junge zur Welt, die etwa 50 cm lang sind und leicht Opfer von anderen Haien werden.
- Er ist sehr neugierig. (Das bedeutet, er „erkundet“ auch im Meer schwimmende Menschen und ist damit für Schwimmer gefährlich).

Ukelei

- Sie wird bis zu 15 cm lang.
- Sie lebt als Schwarmfisch in größeren Seen und langsam fließenden Gewässern.
- Der Rücken ist meist grün-grau.
- Die Seiten und der Bauch sind silbrig glänzend.
- Sie hat viele kleine Gräten und ist deshalb zum Verzehr wenig geeignet.
- Sie ist ein Friedfisch, der sich vor allem von Plankton und kleinen Wasserinsekten ernährt.
- Sie eignet sich hervorragend als Köderfisch beim Hecht- und Zanderangeln

Wels

- Er ist der größte Süßwasserfisch Europas.
- Er wird je nach Art 8 cm bis zu 3 m lang.
- Er bevorzugt große Flüsse und Seen mit schlammigem Untergrund.
- Er ist ein Raubfisch.
- Er hat einen großen breiten Kopf und ein breites Maul.
- Er jagt verschiedene Beutetiere: lebende und tote Fische sowie Wasservögel.
- Er ist vorwiegend dämmerungs- und nachtaktiv.

Zander

- Er hat einen lang gestreckten Körper, bis zu 50 cm lang (einzelne Exemplare bis zu 130 cm).
- Er hat ein großes Maul.
- Er hat lange, spitze Fangzähne.
- Er hat zwei Rückenflossen.
- Er ist ein schneller Jäger.
- Er ernährt sich von kleinen Fischen, Wasserschnecken, Wasserinsekten usw.
- Er lebt im Süßwasser und bevorzugt Wassertiefen von 4–6 m.
- Das Weibchen legt über 100 000 Eier in ein Nest, das vom Männchen gegen Verschlammung und vor Nesträubern geschützt wird.

Station 3: Einheimische Fische

Name: ______________________ Klasse: ______ Datum: ____________

Bachforelle, Karpfen und Hecht sind drei häufige Fische bei uns in Deutschland. An dieser Station lernt ihr diese drei Fischarten zu unterscheiden.

Der Zander – ein einheimischer Fisch

Material: Informationstext

Aufgabe:

1. Vervollständigt die folgende Tabelle.

Vergleichspunkte	**Bachforelle** 	**Karpfen** 	**Hecht** 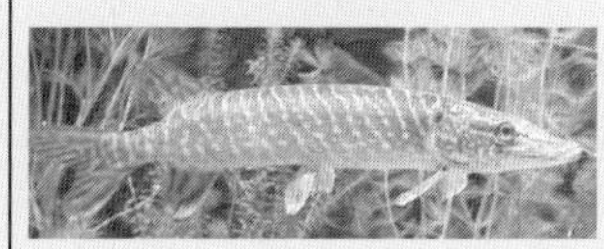
Länge: bis zu … cm			
Gewicht: bis zu … kg			
Lebensraum			
Raubfisch oder Friedfisch			
Nahrung			
Schwanzflosse (nicht / wenig / tief gekerbt)			
Barteln seitlich an der Oberlippe			
Fortpflanzung			
Speisefisch? (insbesondere zu … [Jahreszeit, Fest])			
Besonderes			

Informationstext zu Station 3: Einheimische Fische

In den **stehenden Gewässern** (Teiche, Seen, Weiher) und **fließenden Gewässern** (Bäche, Flüsse) in Mitteleuropa findet man zahlreiche Lebewesen. Manche dieser Lebewesen sind recht groß, andere sind sehr klein und nur mit einer Lupe oder einem Mikroskop zu erkennen.

Sitzt man ganz ruhig an einem See, Bach oder Fluss und hat etwas Geduld und Glück, so kann man die Tiere dort gut beobachten.

Besonders auffällig sind die Fische, die hier leben. Das Bild zeigt ein einheimisches Fließgewässer und die verschiedenen Flussabschnitte, zudem welche Fische dort leben und an diesen Lebensraum gut angepasst sind.
Im **Oberlauf** strömt der Bach recht schnell, das Bachbett ist steinig und das Wasser ist nicht nur kühl, sondern auch sauerstoffreich. Hier im Oberlauf gibt es sehr viele verschiedene Pflanzen- und Tierarten. Fische wie Bachforelle, Groppe und Äsche finden hier einen idealen Lebensraum mit zahlreichen Verstecken und guten Laichplätzen.
Viele kleine Bäche bilden schließlich einen Fluss, dessen Untergrund immer feinkörniger und auch schlammiger wird. Im **Mittellauf** ist das Flusswasser meist wärmer und damit auch sauerstoffärmer und der Fluss fließt langsamer. Hier findet man Fische wie Barbe, Flussbarsch und Hecht.
Im **Unterlauf** des Flusses kurz vor der Mündung in einen anderen Fluss oder ins Meer ist der Untergrund noch schlammiger als im Mittellauf und das Wasser ist nicht nur wärmer, sondern auch noch sauerstoffärmer. Hier leben Fische wie Karpfen, Aal und Wels.

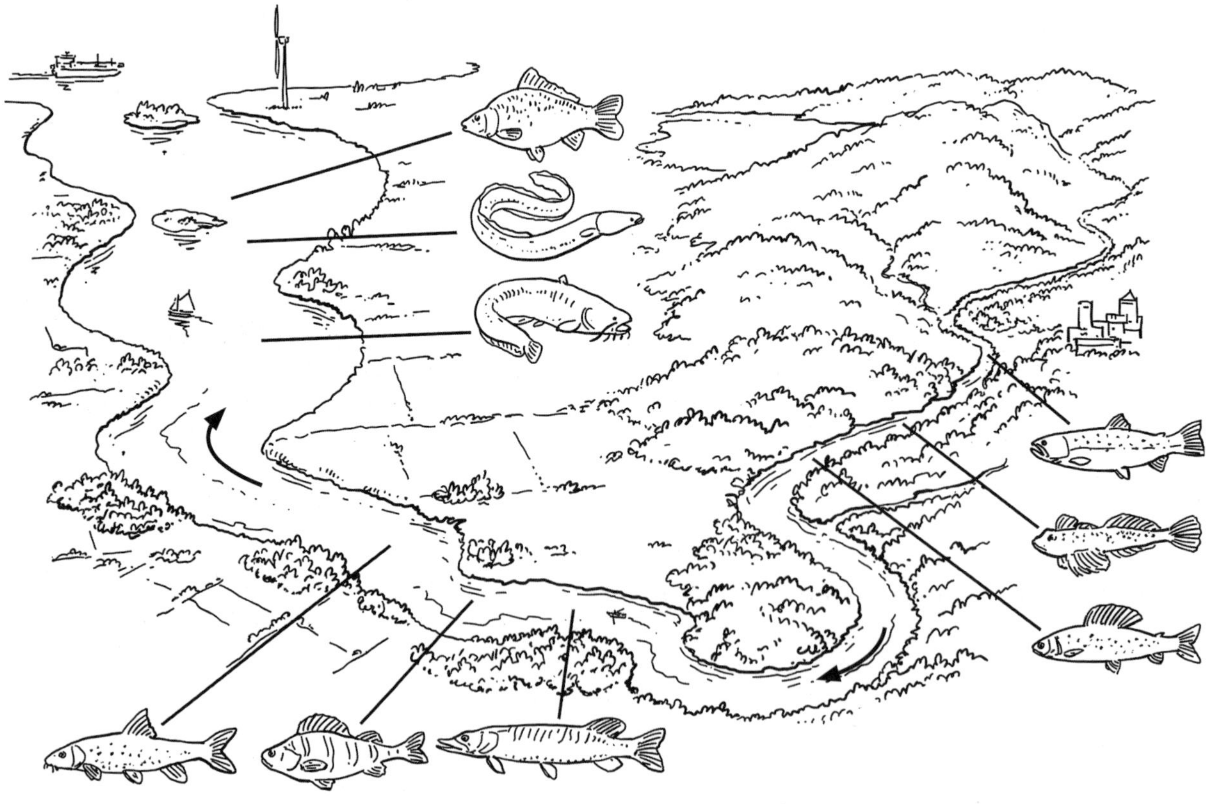

Bild 1: Fischarten in verschiedenen Abschnitten eines Fließgewässers

Bachforelle

Die Bachforelle ist ein schlanker, sehr scheuer Süßwasserfisch. Sie lebt räuberisch im Oberlauf von klaren, sauerstoffreichen, sauberen Bächen mit kühlem Wasser. Sie wird bis zu 50 cm lang, selten bis zu 80 cm. Erwachsene Forellen erreichen ein Gewicht von 2 kg, selten darüber. Beutetiere der Bachforelle sind beispielsweise kleinere Fische, junge Frösche, Wasserinsekten und Kleinkrebse. An den Seiten hat die Bachforelle kleine schwarze und rote Punkte und ist dadurch gut getarnt. Kommt ein Beutetier in ihre Nähre, so schnellt die Bachforelle blitzschnell vor und verschlingt das Beutetier. Die Schwanzflosse der Bachforelle ist wenig gekerbt. Barteln am Maul hat die Bachforelle keine.

Die Bachforelle ist wie ihre Verwandte, die etwas größere Regenbogenforelle, ein beliebter Speisefisch und kann gut in Forellenteichen mit kühlem Wasser gehalten werden. Im Oberlauf eines Baches legt das Weibchen der Bachforelle bis zu 1 500 Eier in eine kleine, mit der Schwanzflosse geschlagene Kuhle. Das Männchen gibt dann die „Milch" (milchig-trübe Samenflüssigkeit) mit den Samenzellen über die Eier, die nun befruchtet werden (sog. äußere Befruchtung, d. h. Befruchtung außerhalb des Körpers). Nach einigen Wochen schlüpfen die Jungforellen, die sich von Wasserpflanzen und kleinen Wasserinsekten ernähren und deshalb schnell heranwachsen. Die allermeisten Jungforellen werden Beutetiere von älteren Forellen und anderen Raubfischen.

Hecht

Der Hecht ist ein langer, sehr schlanker Raubfisch mit auffällig großem Maul, in dem sich zahlreiche große spitze Zähne befinden. Er ernährt sich von kleineren Fischen, Fröschen, Wasserschnecken und Wasserinsekten und lebt im Mittellauf von Flüssen und auch in größeren kühlen, sauerstoffreichen Seen. Er wird bis zu 150 cm lang und bis zu 15 kg schwer, gelegentlich noch schwerer. Hechte sind sehr scheu und schwer zu fangen. Angler nutzen meist kleinere Fische wie Elritzen und Groppen als Köder, um durch die zappelnden Köderfische die neugierigen Hechte aus ihren Verstecken zu locken. Hechte sind sehr beliebte, wohlschmeckende Speisefische.

Mit der großen, wenig gekerbten Schwanzflosse kann sich der Hecht schnell und über größere Strecken fortbewegen und deshalb erfolgreich kleinere Fische jagen. Die Paarung erfolgt im Frühjahr, d. h., die Eier werden im Körper des Weibchens befruchtet (sog. innere Befruchtung). Das Weibchen legt bis zu 500 000 Eier, die am Grund des Gewässers oder an Wasserpflanzen liegen bleiben. Die Junghechte schlüpfen nach wenigen Wochen, wobei die Wassertemperatur erheblichen Einfluss auf den Schlüpfzeitpunkt hat. Am Maul hat der Hecht keine Barteln wie manche Friedfische (z. B. Karpfen und Wels).

Karpfen

Bild 2: Kois sind besondere Karpfen.

Karpfen sind Friedfische und beliebte Speisefische („Weihnachtskarpfen", „Neujahrskarpfen", „Fastenzeitkarpfen"). Sie werden bis zu 100 cm lang, bis zu 40 kg schwer und schwimmen nur langsam. Als Lebensraum bevorzugen Karpfen langsam fließende und stehende Gewässer; oft findet man sie auch in größeren Teichen, da sie recht anspruchslos sind und auch in wärmerem Wasser gut leben können. Am Kopf haben die Karpfen zwei Barteln, um Nahrung am Grund des Gewässers aufzuspüren (Schnecken, Wasserinsekten, Wasserpflanzen usw.). In der Fortpflanzungszeit im Frühjahr legen Karpfenweibchen bis zu 1,5 Millionen Eier ab, die dann von den Männchen befruchtet werden (äußere Befruchtung). Karpfen sind leicht zu züchten. In Ostasien (z. B. Japan, Korea) sind die bunten Karpfen (sog. Koi) sehr beliebt.

Station 4: Exotische Fische

Name: ______________________ Klasse: ______ Datum: ____________

In vielen Aquarien sieht man Fische, die aus fremden Ländern kommen. Diese „exotischen Fische" haben oft ganz interessante Formen und Farben und sind deshalb sehr beliebt. An dieser Station lernt ihr einige dieser Fische kennen.

Aufgabe:

1. Auf dieser Seite sind einige exotische Süßwasserzierfische abgebildet, die man in Warmwasseraquarien leicht halten kann. Ordnet die Textbausteine den verschiedenen exotischen Fischen zu, indem ihr das Bild mit dem entsprechenden Textbaustein verbindet.

Skalare (Segelflosser)

Platys (Schwertträger)

Black Mollys (Spitzmaulkärpfling)

Panzerwelse

Guppys

Heimat: Flüsse in Südamerika
Besonderes: leicht zu züchten; viele verschiedene Zuchtformen bekannt; bringen lebende Junge zur Welt; wenig anspruchsvoll

Heimat: Flüsse in Mexiko und Mittelamerika
Besonderes: leicht zu züchten, viele verschiedene Zuchtformen; benötigen reichlich frische pflanzliche Nahrung, Grundfarbe schwarz

Heimat: Flüsse in Südamerika
Besonderes: sehr friedlich; gesellig; suchen den Boden, Steine und Glasscheiben nach Nahrung ab; „putzt" die Scheiben und reinigt sie so von Algen („Putzerfisch")

Heimat: Flussfische in Mittel- und Südamerika
Besonderes: anspruchslos; Gruppenfisch; pro Wurf bis zu 100 Jungfische; Weibchen silbriggrau und doppelt so groß wie Männchen; wenn Männchen geschlechtsreif werden, färbt sich die Schwanzflosse bunt; auffällig große Schwanzflosse

Heimat: Amazonas mit Nebenflüssen (Südamerika)
Besonderes: seitlich recht flach; auffällig lange Flossen; bilden in der Laichzeit Reviere, die sie auch verteidigen

Freiwillige Zusatzaufgabe: Gerne könnt ihr die exotischen Fische anmalen. Recherchiert dazu im Internet und informiert euch über die Farben der Fische.

Station 5: Wir sezieren eine Forelle

Name: ________________________ Klasse: ______ Datum: __________

An dieser Station könnt ihr eine tote Forelle genauer erforschen und auch ihren inneren Aufbau erkunden.

Material: Präparierwanne, Papiertücher, Pinzette, Präparierschere, Einmalhandschuhe, evtl. Lupe

Eine Bachforelle

Aufgaben:

1. Legt die tote Forelle so in die Präparierschale, dass der Kopf nach rechts zeigt.

2. Streicht mit einem Finger auf der Haut der Forelle von vorne nach hinten und dann von hinten nach vorne. Was könnt ihr spüren? Beschreibt, wie sich der Fisch anfühlt.

____

____

____

3. Sucht die „Nase" der Forelle und skizziert sie.

4. Schneidet die Forelle vorsichtig mit der Präparierschere so auf wie die folgenden Skizze zeigt.
<u>Achtung</u>: Schneidet nicht zu tief in die Forelle!

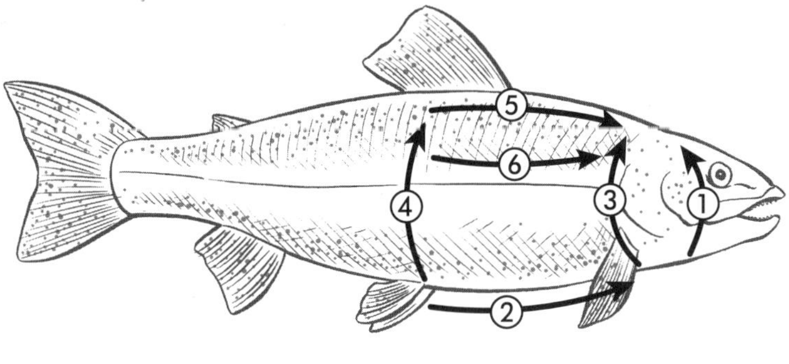

a) Beginnt mit dem Aufschneiden mit „Schnitt 1" und entfernt mithilfe der Schere den Kiemendeckel. Was könnt ihr erkennen?

____

____

b) Schneidet dann mit „Schnitt 2" den Bauch der Forelle von hinten nach vorne auf.
Hinweis: Beginnt mit dem Aufschneiden vor der Afterflosse.

c) Führt dann nacheinander die Schnitte 3, 4 und 5 durch.

d) Schneidet nun mit Schnitt 6 das Fleischstück ab, sodass die inneren Organe frei liegen. Welche inneren Organe könnt ihr in der aufgeschnittenen Forelle erkennen? Vergleicht dazu den präparierten Fisch mit dem folgenden Bild.

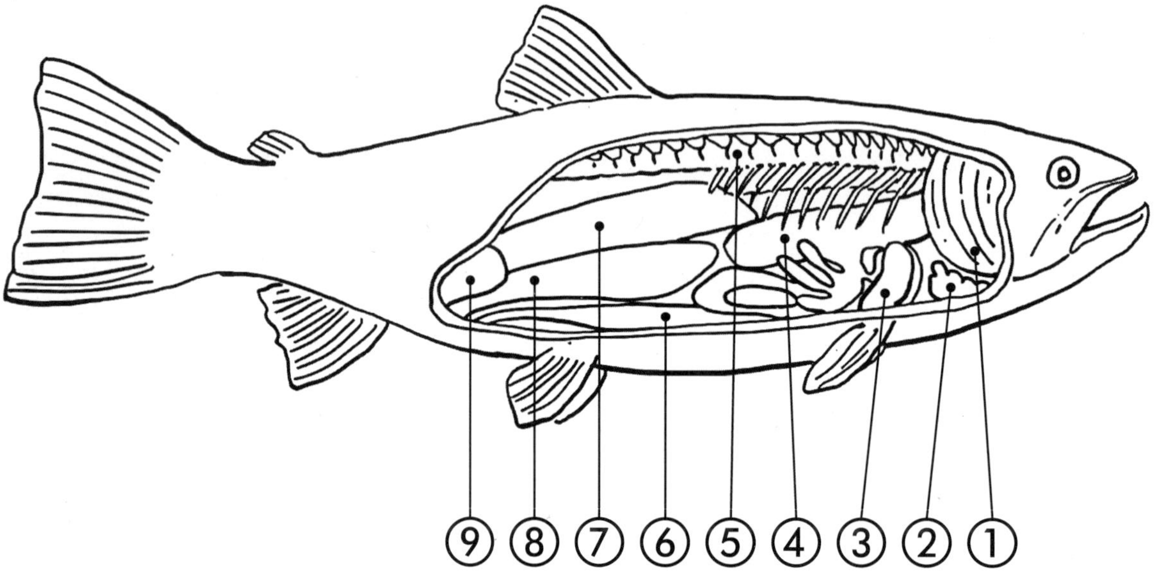

Folgende inneren Organe kann ich erkennen:

___

___

___

___

___

___

___

___

___

___

___

Mögliche Organe: *Darm, Herz, Hoden, Kiemen, Leber, Magen, Niere, Schwimmblase, Wirbelsäule*

Station 6: Der Körperbau der Fische

Name: ______________________ Klasse: ______ Datum: ____________

Fische erkennt man meist schon auf den ersten Blick an ihrer Körperoberfläche. An dieser Station erfahrt ihr Einzelheiten über die Körperform sowie die äußeren Merkmale der Fische.

Material: idealerweise Aquarium, Biologiebücher

Aufgaben:

1. In dem folgenden Bild ist die äußere Form eines Fisches sehr schematisch dargestellt. Zeichnet in dieses Bild folgende Teile ein und beschriftet sie:

a) Maul

b) Augen

c) Kiemendeckel

d) Flossen (Afterflosse, Bauchflossen, Brustflossen, Rückenflosse, Schwanzflosse)

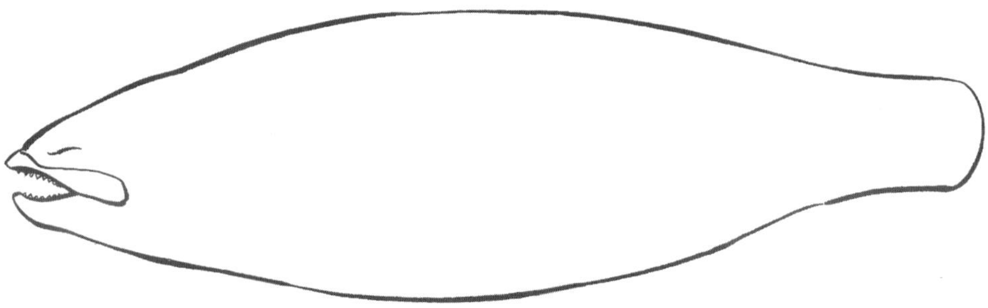

2. Am Körper der Fische befinden sich Schuppen.

a) Zeichnet in die obere Zeichnung einige Schuppen ein, wie sie an einem lebenden Fisch zu sehen oder einem Fischbild zu entnehmen sind.

b) Welche Vorteile für die Fortbewegung von Fischen hat es, dass die Schuppen in einer ganz bestimmten Weise in der Haut angeordnet und zusätzlich noch von einer dünnen Schleimschicht überzogen sind?

____

____

____

____

____

Station 7: Die Fortbewegung von Fischen

Name: ______________________ Klasse: ________ Datum: ____________

Die meisten Fische können recht schnell schwimmen. An dieser Station lernt ihr, warum Fische unterschiedlich schnell schwimmen können.

Ein Zander

Material: Biologiebücher, Lexika, ggf. Internet

Aufgaben:

1. Hier sind zwei Fische abgebildet, Aal und Thunfisch. Beschreibt die Fortbewegungsart dieser Fische (Aal (Langstreckenschwimmer) und Thunfisch (Kurzstreckenschwimmer)).

Aal

← 1 m →

Thunfisch

← 5 m →

______________________ ______________________

______________________ ______________________

______________________ ______________________

2. Welcher Fisch kann am schnellsten schwimmen?

   a) Was vermutet ihr? Ordnet die drei Fische nach steigender Schwimmgeschwindigkeit. (1 → am schnellsten … 3 → am langsamsten)

Bachforelle (ca. 40 cm lang)

Mondfisch (bis zu 300 cm lang)

Thunfisch (bis zu 500 cm lang)

   b) Nach welchen Gesichtspunkten habt ihr eure Vermutung gebildet?

____

____

____

3. In der folgenden Übersicht sind die Schwimmgeschwindigkeiten der Fische durcheinandergeraten.

a) Zeichnet eure Vermutungen mit Bleistift ein, indem ihr die Fischart mit der Geschwindigkeit verbindet.

b) Informiert euch anschließend über die Schwimmgeschwindigkeit der verschiedenen Fische und zeichnet die Verbindungslinien mit grüner Farbe ein.

Fischart		**Schwimmgeschwindigkeit (in km/h, ca.)**
Thunfisch		15
Bachforelle		5
Kofferfisch, Mondfisch		80
Hecht		1
Karpfen		30
Zum Vergleich: Mensch (Freistil, Weltrekord auf 100 m)		8

Station 8: Experimente zur Geschwindigkeit im Wasser

Name: ______________________ Klasse: ______ Datum: ____________

An dieser Station könnt ihr einige Versuche durchführen und erforschen, welche Körper am leichtesten durch das Wasser gleiten. Eure Versuchsergebnisse könnt ihr dann auf die Fische übertragen und die Kenntnisse anwenden.

Haben Boote und Fische Gemeinsamkeiten?

Material: Messzylinder (100 oder 200 ml; schmal), Lineal, Folienstift (permanent), Knetmasse, Messer, Schneideunterlage, digitale Waage, Stoppuhr, Bindfaden, Schere

Aufgaben:

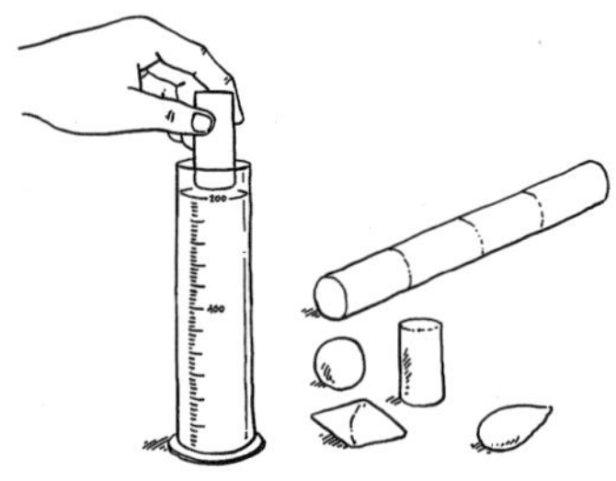

1. Gebt in den Messzylinder so viel Wasser, dass die Wasseroberfläche bis zur obersten Messzylinder-Markierung reicht.
2. Formt mittels Knetmasse eine etwa 20 cm lange Rolle.
3. Schneidet die Rolle in vier gleich lange Teile.
4. Wiegt jedes der vier Teile und achtet darauf, dass jedes der vier Teile gleich schwer ist.
5. Falls dies nicht der Fall ist, fügt bei zu geringem Gewicht etwas Knetmasse hinzu oder nehmt bei zu hohem Gewicht etwas Knetmasse weg.
6. Formt nun mit der Knetmasse die abgebildeten Körper und befestigt ein etwa 50 cm langes Stück Bindfaden an jedem der Körper.
7. Messt mit der Stoppuhr die Zeit, die die verschiedenen Körper benötigen, bis sie – vom Loslassen an der Wasseroberfläche – auf dem Boden des Messzylinders angekommen sind. Führt jeden Versuch zweimal durch und errechnet dann den zeitlichen Mittelwert.
8. Haltet eure Beobachtungen in der folgenden Tabelle fest.

Körperform	**Zeitbedarf in Sekunden bis zum Auftreffen des Körpers auf dem Boden des Messzylinders**			**Anmerkungen**
	Versuch 1	**Versuch 2**	**Mittelwert**	
Kugel				
Zylinder				
Spindel				
Tropfen				

9. Welcher der obigen Körper gleitet am schnellsten durch das Wasser, welcher am langsamsten?

   Körper gleitet am schnellsten: ____________________

   Körper gleitet am langsamsten: ____________________

10. Welcher der obigen vier Körper hat am meisten Ähnlichkeit mit der typischen Fischform?

    ____

Station 9: Die Schwimmblase

Name: ______________________ Klasse: ______ Datum: ____________

Die meisten Fische haben eine Schwimmblase, nicht aber die Knorpelfische (z. B. Hai und Rochen). An dieser Station erfahrt ihr, wofür die Knochenfische (z. B. Forelle, Karpfen, Hecht, Goldfisch) ihre Schwimmblase nutzen.

Guppys

Material: Modell eines Knochenfisches (z. B. Karpfen) aus der Biologiesammlung, Glas- oder Kunststoffwanne (oder große Schüssel), Erlenmeyerkolben (100 ml), Haushaltsgummi, Trinkhalm aus Kunststoff mit Biegestelle, Luftballon

Aufgaben:

1. Seht euch das Modell eines Knochenfisches genau an, insbesondere den inneren Aufbau mit der Schwimmblase. Zeichnet anschließend hier den Körperumriss des Fisches und darin die Schwimmblase ein.

2. <u>Versuch:</u> Verbindet das kurze Ende des Trinkhalms mit dem Luftballon und dichtet die Verbindung mit einem Haushaltsgummi luftdicht ab. Füllt die Wanne (oder Schüssel) zur Hälfte mit Wasser. Füllt anschließend den Erlenmeyerkolben vollständig mit Wasser und führt dann den Luftballon in den Kolben. Blast nun mithilfe des Trinkhalms Luft in den Luftballon.

   a) Wie verändert sich der Glaskolben im Wasser, wenn der Luftballon nur leicht, mittelstark und schließlich weit aufgeblasen ist?

   → Der Luftballon ist leer: Der Kolben ____________

   → Der Luftballon ist mittelstark gefüllt: Der Kolben ____________

   → Der Luftballon ist ganz mit Luft gefüllt: Der Kolben ____________

   b) Erklärt die Bedeutung der Schwimmblase mithilfe des obigen Modellversuchs.

   ____

   ____

   ____

   ____

   ____

Station 10: Das Seitenlinienorgan

Name: ______________________ Klasse: ______ Datum: __________

Auch bei völliger Dunkelheit schwimmt ein Fisch nicht gegen ein Hindernis. Das Organ, das dies dem Fisch ermöglicht, ist das Seitenlinienorgan. Dieses Organ lernt ihr an dieser Station näher kennen.

Das Seitenlinienorgan kann man gut erkennen.

Material: Fischmodell, Informationstext

Aufgaben:

1. Beschriftet die folgenden Bilder und verwendet dazu folgende Begriffe: *Seitenlinienorgan (= „Linie" seitlich am Fisch), Poren in den Schuppen, kleiner Kanal unter der Fischhaut („Seitenlinienkanal"), Sinneszellen, Nerv zum Gehirn, Strömung*

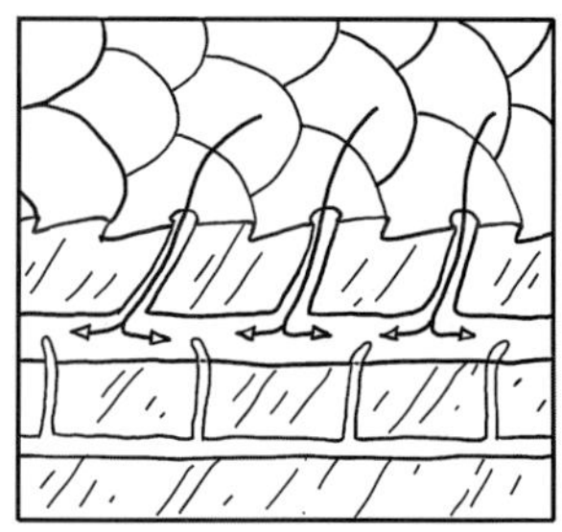

2. Vervollständigt den folgenden Lückentext. Verwendet zum Ausfüllen der Lücken die unten stehenden Begriffe und seht euch auch die obigen Bilder während des Ausfüllens an.

Das Seitenlinien__________ findet man nur bei __________. Mithilfe dieses __________ können Fische schon kleine Änderungen der __________ im __________ feststellen. Das __________organ ist __________ und rechts am Fisch als feine __________ zu sehen. Gut sichtbar ist es beispielsweise bei einer __________ oder einem __________.
Dieses Sinnesorgan, mit dem __________ jede kleine Strömungsänderung des Wassers feststellen können, besteht aus einem __________ Kanal, der unter der __________ an jeder Seite des Fisches verläuft. Über winzige __________ (= kleine Löcher in den Schuppen) ist der Kanal mit der Außenwelt verbunden.
Im __________ sitzen zahlreiche feine __________zellen, die durch die Strömung im Wasser ständig bewegt werden. Jede Strömungs__________ (z. B. durch Hindernisse im Wasser oder vorbeischwimmende Fische) reizt die Sinneszellen. Diese Informationen werden über einen __________ ans __________ geleitet. Der __________ reagiert dann, indem er beispielsweise die __________richtung ändert oder __________ vor einem Feind davonschwimmt.

Einzusetzende Wörter: *-änderung, Bachforelle, feinen, Fisch, Fische, Fischen, Gehirn, Haut, Kanal, Linie, links, Nerv, -organ, Organs, Panzerwels, Poren, schnell, Schwimm-, Seitenlinien-, Sinnes-, Strömung, Wasser*

Informationstext zu Station 10: Das Seitenlinienorgan

Fische können selbst bei absoluter Dunkelheit oder in trübem Wasser Steinen und anderen Hindernissen ausweichen. Auch Feinde erkennen Fische meist recht schnell. Deshalb ist es für uns schwierig, an der Oberfläche eines Gewässers schwimmende Fische mit der Hand zu greifen. Wie lässt sich das erklären?

Die Ursache dafür ist das Seitenlinienorgan der Fische, das wir als punktierte Linie an den Flanken (Seiten) eines Fisches gut erkennen können. Die einzelnen Punkte der Linie sind keine Farbflecken, sondern winzige Poren.

Bild 1: Das Seitenlinienorgan bei 1) Lachs, 2) Zander und 3) Ukelei

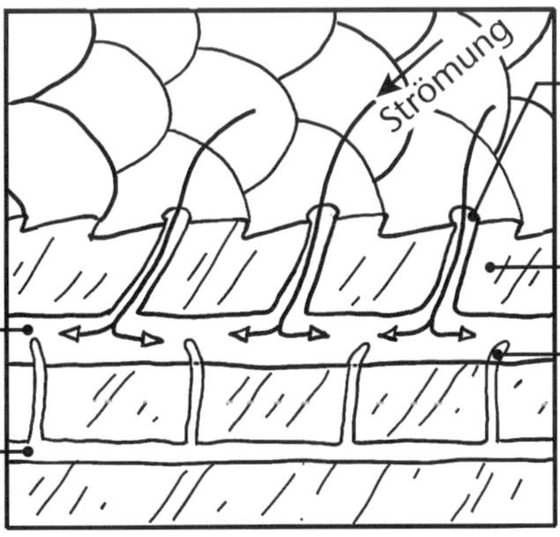

Bild 2: Aufbau des Seitenlinienorgans

Die winzigen Poren des Seitenlinienorgans münden in einen gemeinsamen Kanal, in dem sich druckempfindliche Sinneszellen befinden. Schon feinste Änderungen der Wasserströmung (z. B. in der Nähe eines Steines im Wasser) führen zu einer Änderung des Wasserdrucks. Dies kann der Fisch wahrnehmen und so beispielsweise einem Hindernis ausweichen – oder nach einem Beutetier schnappen.

Station 11: Die Atmung von Fischen

Name: ______________________ Klasse: ______ Datum: __________

Fische können im Wasser gut atmen, wir Menschen können nur in der Luft gut atmen. An dieser Station lernt ihr, weshalb Fische nur im Wasser gut atmen können und an der Luft ersticken.

Thunfische

Material: Fischmodell aus der Biologiesammlung; ggf. Kiemenmodell, Biologiebücher, Holzmalstifte, Biologie-Lexika, ggf. Internet

Aufgaben:

1. Betrachtet man die Kiemen eines Fisches, so fällt deren rote Farbe auf. Was könnte die Erklärung dafür sein, dass die Fischkiemen rot sind?

____

____

2. Im Bild ist die Wasserströmung beim „Einatmen" und „Ausatmen" der Fische schematisch eingezeichnet.

Erklärt, welcher Gasaustausch sich an den Kiemen abspielt.

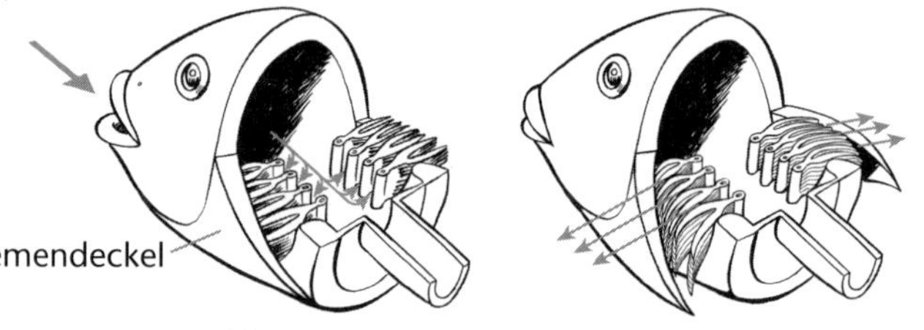

Einatmen *Ausatmen*

____

____

3. Versvollständigt den folgenden Lückentext zur Atmung bei Fischen. Verwendet die unten stehenden Begriffe für die Lücken im Text.

Beobachtet man ____________ im Aquarium, so stellt man fest, dass sie ständig ihren Mund öffnen und ___________. Gleichzeitig bewegen sich die _______deckel. Dadurch wird eine ständige ____________________ erzeugt und frisches ___________ durch den Mund aufgenommen. Wenn der Fisch den ________ schließt, so ___________ das Wasser an den Kiemen vorbei und wird nach ___________ gedrückt. An den Kiemen__________ sitzen zahlreiche feine Kiemen______________, die stark durchblutet sind und deshalb ______ aussehen. Über die große Oberfläche der zahlreichen Kiemen_________ wird ____________ aus dem Wasser aufgenommen und ___________dioxid an das Wasser abgegeben.

Ganz ähnlich verläuft der Gasaustausch bei den Säugetieren, die allerdings nicht durch _______, sondern durch _________ atmen.

Das _________ transportiert den Sauerstoff in alle Teile des _______________.

Hinweis: Je _____________ das Wasser ist, desto mehr Luft löst sich im Wasser.

Einzusetzende Wörter: *außen, -blättchen, -blättchen, Blut, -bögen, Goldfische, Kiemen, Kiemen-, Kohlenstoff-, Körpers, kühler, Lungen, Mund, rot, Sauerstoff, schließen, strömt, Wasser, Wasserströmung*

Station 12: Ist im Wasser auch Luft vorhanden?

Name: ______________________________ Klasse: ______ Datum: ______________

An dieser Station könnt ihr Versuche durchführen und erforschen, ob im Wasser auch Luft vorhanden ist.

Wichtige Hinweise:

1. Diese Station darf erst nach Absprache mit der Lehrperson bearbeitet werden. Insbesondere das sichere Umgehen mit der Heizquelle (Kochplatte, Gasbrenner, Kartuschenbrenner usw.) muss beherrscht werden!
2. In einem Klassenzimmer darf aus Sicherheitsgründen höchstens mit acht Kartuschenbrennern gleichzeitig gearbeitet werden!
3. Bei allen Versuchen Schutzbrille tragen! Lange Haare mit Haargummi zusammenbinden!
4. Fasst das Becherglas nach Versuchsbeginn nicht mehr an. Lasst es nach Versuchsende gut abkühlen (mindestens fünf Minuten lang), bevor ihr das Wasser ausschüttet.

Material: Kochplatte (oder Brenner mit Dreifuß oder Vierfuß, Gasanzünder), Becherglas (hohe Form, 200 ml), Thermometer (bis 100 °C) oder Temperatur-Messfühler, Uhr

Aufgaben:

Versuch 1:

1. Füllt das Becherglas zu etwa zwei Dritteln mit kaltem Leitungswasser.
2. Stellt das Becherglas mit dem Wasser auf die Heizquelle. Rührt das Wasser mit dem Thermometer leicht um (ca. zehn Sekunden lang).
3. Messt die Wassertemperatur mithilfe des Thermometers, ohne das Thermometer aus dem Wasser zu nehmen. Tragt die Ausgangstemperatur des kalten Wassers in die Tabelle auf der nächsten Seite ein.
4. Erwärmt das Wasser zunächst leicht (ca. eine Minute lang) und tragt dann eure Beobachtungen in die Tabelle auf der nächsten Seite ein.
5. Erhitzt dann kräftiger und bewegt das Wasser etwas mit dem Thermometer. Beobachtet die Veränderungen im Wasser / am Becherglas.
6. Tragt nach jeder Minute die Wassertemperatur und die Beobachtungen in die Tabelle ein.
7. Schaltet die Heizquelle aus bzw. stellt die Heizquelle ab und beendet den Versuch, wenn die Temperatur im Wasser etwa 70 °C beträgt.

Achtung: Erhitzt das Wasser auf keinen Fall über 70 °C!

Tabelle für die Versuchsbeobachtungen (Versuchsprotokoll):

Zeit nach ... Minuten	Wasser-temperatur (in °C)	Beobachtungen am Becher-glasboden	Beobachtungen an der Becher-glaswand	Beobachtungen im Wasser	Bemerkungen
Versuchs-beginn					
1					
2					
3					
4					
5					

8. Wertet eure Versuchsbeobachtungen aus. Welche Ideen habt ihr für die Erklärung eurer Beobachtungen?

____

____

Unsere Erklärung der Versuchsbeobachtungen: ______________________________

____

____

9. Informiert euch in eurem Biologiebuch, in Lexika oder im Internet, ob eure Erklärung der Versuchsbeobachtungen zutrifft. Korrigiert gegebenenfalls eure Erklärung.

Unsere Erklärung war richtig, weil ______________________________

____

Wir mussten unsere Erklärung korrigieren, weil ______________________________

____

Versuch 2: Wiederholt Versuch 1 mit den folgenden Anweisungen:

a) Erhitzen von warmem Wasser (Ausgangstemperatur ca. 30–40 °C)

b) Erhitzen von abgekochtem Wasser, das zum Abkühlen einige Zeit lang stehen gelassen wurde.

Gesamtauswertung der Versuche und Folgerungen: Fische können im Wasser atmen/Sauerstoff aufnehmen, weil ______________________________.

Station 13: Fortpflanzung und Entwicklung von Fischen am Beispiel der Bachforelle

Name: ______________________ Klasse: ______ Datum: __________

Typisch für Säugetiere ist es, dass sie lebende Junge zur Welt bringen und diese säugen. Die Wirbeltiere der anderen Wirbeltierklassen legen Eier. An dieser Station lernt ihr die Fortpflanzung von Fischen am Beispiel der Bachforelle näher kennen.

Material: Biologiebücher, Biologielexika, ggf. Internet

Aufgabe:

1. In den folgenden Bildern ist die Fortpflanzung bei Bachforellen stark schematisch in einzelnen Schritten dargestellt.
   a) Schneidet die Bilder und Textbausteine (der nächsten Seite) aus.
   b) Lest die Textbausteine der nächsten Seite genau durch.
   c) Ordnet den einzelnen Bildern, die in der richtigen Reihenfolge (1–6) dargestellt sind, die korrekten Textbausteine zu, indem ihr die Texte entsprechend nummeriert.

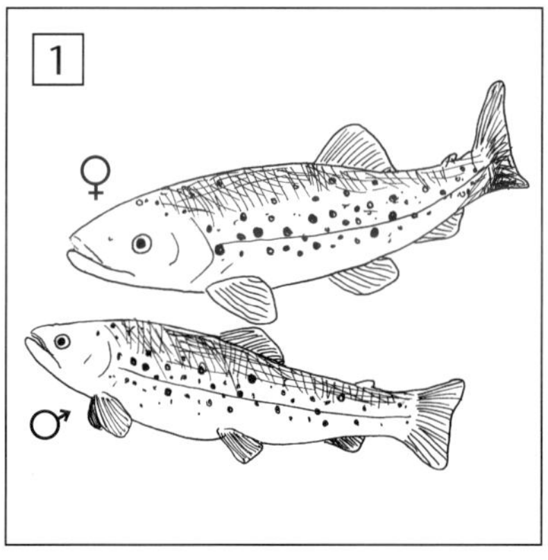

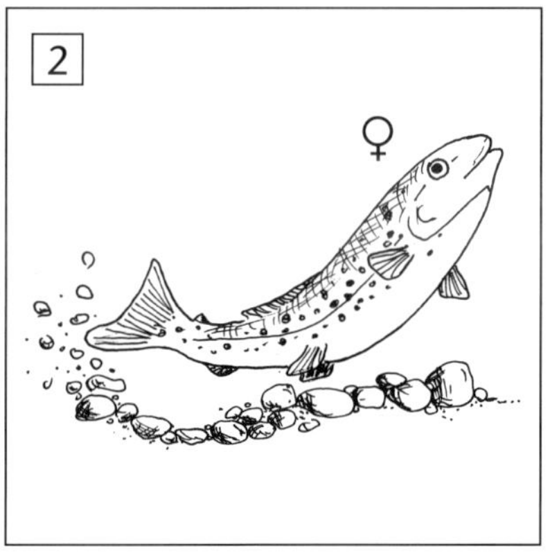

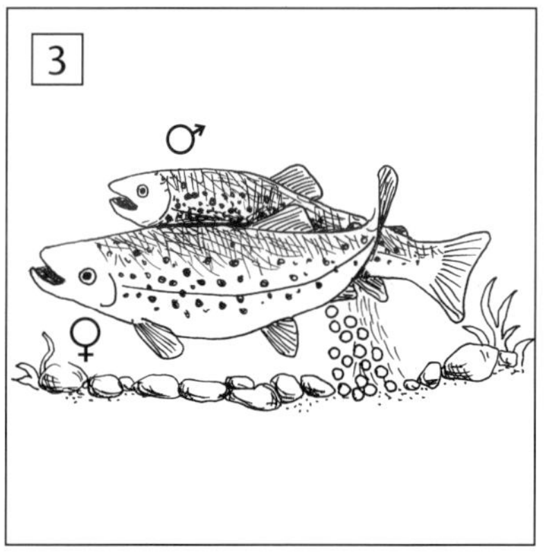

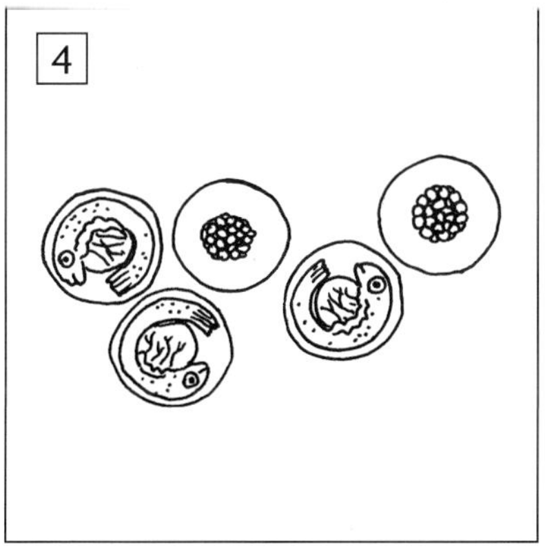

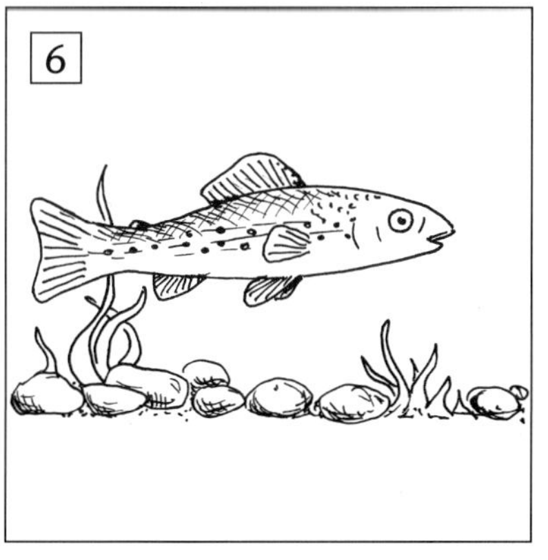

☐ Das Weibchen legt nun 2000 bis 3000 Eier („Rogen“, Laich) in das „Nest“. Das Weibchen nennt man deshalb auch Rogner.
Das Männchen gibt anschließend die milchig weiße Samenflüssigkeit („Milch“) mit den Samenzellen über die Eier. Die Samenzellen schwimmen zu den Eizellen und befruchten diese im „Nest“. Weil die Besamung und Befruchtung außerhalb des Fischweibchens erfolgt, spricht man von äußerer Befruchtung.
Die befruchteten Eizellen werden mit der Schwanzflosse leicht mit Sand bedeckt. Meist besorgt dies das Fischweibchen („Rogner“), während sich das Fischmännchen („Milchner“) vom „Nest“ entfernt.

☐ Die Fischlarve erkennt man am großen Dottersack. Von den Nährstoffen (Eiweiß, Fett, Vitamine usw.) im Dottersack ernährt sich die Fischlarve in den ersten Tagen. Der Dottersack wird nach und nach aufgebraucht.

☐ Bachforellen leben im Oberlauf von klaren Bergbächen. Im Alter von etwa vier Jahren ist die Bachforelle erwachsen und geschlechtsreif. Im Januar und Februar suchen sich Männchen und Weibchen einen Geschlechtspartner und bilden Paare.

☐ Im befruchteten Fischei entwickelt sich der kleine Fischembryo, der schon bald als kleiner schwarzer Punkt im Ei erkennbar ist. Nach etwa acht Wochen schlüpft die herangewachsene Fischlarve aus dem Ei.

☐ Aus der Fischlarve wird bald eine kleine Bachforelle, die aussieht wie eine ausgewachsene Bachforelle – nur kleiner. Die junge Bachforelle ernährt sich von Wasserinsekten und deren Larven, später vor allem von kleinen Fischen.

☐ Im sandigen Bachbett schlägt das Forellenweibchen mit der kräftigen Schwanzflosse eine Mulde. Größere Steinchen entfernt das Weibchen mit dem Mund.

Station 14: Das Leben der Lachse

Name: ______________________ Klasse: ______ Datum: ______________

Bär mit Fisch

Schon vor über 2 000 Jahren hat der römische Gelehrte Plinius beschrieben, dass es in den europäischen Gewässern große Lachsschwärme gab, insbesondere auch im Rhein und in seinen Nebenflüssen. Schon früher waren Lachse begehrte Speisefische. Heute findet man in unseren Flüssen kaum noch Lachse. An dieser Station lernt ihr viel Interessantes über Lachse und deren Leben.

Material: Biologiebücher, Biologielexika, ggf. Internet

Aufgabe:

1. In der folgenden Übersicht sind Bilder, Aussagen usw. zu finden.

a) Lest die Aussagen genau durch und entscheidet, ob die Aussage auch tatsächlich zutrifft. Tipp: Nutzt als Informationsquelle verschiedene Medien.

b) Kreist für jede Aussage in der RICHTIG-Spalte oder in der FALSCH-Spalte den betreffenden Buchstaben ein.

c) Wenn ihr alle Aufgaben gelöst habt, so lest die eingekreisten Buchstaben von unten nach oben. So findet ihr das Lösungswort, das sehr viel mit dem Thema dieser Station zu tun hat.

Hinweis: Wenn einzelne Aussagen nicht korrekt beantwortet wurden, recherchiert hierzu noch einmal.

Lösungswort: ______________________

Nr.	Aussage	RICHTIG	FALSCH
1	Lachse leben nur in Bächen und Seen, d. h. nur im Süßwasser und niemals im Meer (im Salzwasser).	A	N
2	Lachse sind begehrte Speisefische, haben einen lang gestreckten Körper, können in der Natur bis zu 15 Jahre alt werden, werden bis zu 150 cm lang und bis zu 35 kg schwer. 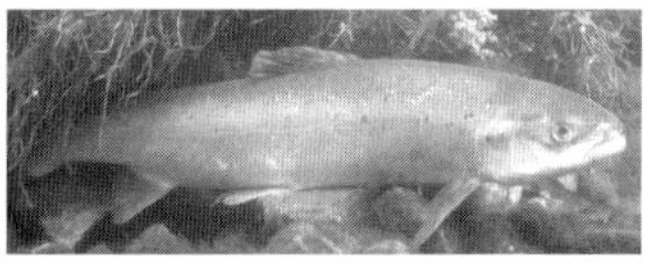	E	D
3	Heute gibt es beispielsweise im Rhein, in der Elbe und in der Weser sowie deren Nebenflüssen insbesondere im Sommer große Lachse in großer Zahl.	O	G
4	Lachsfleisch ist ungesund und sollte nicht verzehrt werden, weil es kaum wertvolle Nährstoffe enthält.	P	N
5	Lachse haben keine Zähne und sind reine Pflanzenfresser.	C	U
6	Lachse haben eine kräftige Schwanzflosse, sehr viele Muskeln und sind deshalb schnelle, ausdauernde Schwimmer.	R	E
7	Ein geschlechtsreifes Lachsweibchen legt bis zu 20 000 Eier in bis zu 1 m tiefe Kiesgruben am Grund von Fließgewässern und deckt die Eier dann mittels Schlagen der Schwanzflosse mit Sand und Kies zu.	E	G

Nr.	Aussage	RICHTIG	FALSCH
8	Lachse können in der Natur höchstens zwei Jahre alt werden.	O	D
9	Lachse sind Raubfische und ernähren sich insbesondere von kleineren Fischen und Krebsen.	N	H
10	Nach dem Laichen bzw. Besamen der Eier sterben die meisten Lachse infolge Erschöpfung, da sie während ihrer Wanderung im Süßwasser so gut wie keine Nahrung mehr aufnehmen.	A	K
11	Die bis zu 20 cm langen Junglachse verbringen ein bis drei Jahre im Oberlauf der Heimatflüsse, wo sie aus dem Ei geschlüpft sind. Dann schwimmen sie flussabwärts ins Meer. Diese Wanderung ins Meer dauert bis zu einem Jahr.	W	E
12	Ausgewachsene Lachse können Hindernisse bis zu 3 m im Sprung überwinden und gegen den Strom schwimmen. 	S	T
13	Die jungen Lachse bleiben nach ihrer „Süßwasser-Lebensphase" ein bis fünf Jahre im Meer südlich Grönlands (Weidegründe der Lachse), fressen sich Fettreserven an und beginnen dann ihre teilweise über 1 000 km lange Wanderung zurück in ihren Heimatfluss in Nordamerika oder Europa, um sich dort fortzupflanzen. Diese Lachswanderung dauert bis zu einem Jahr. Manche werden dabei zur Mahlzeit eines Grizzlys oder von Menschen gefangen. 	H	U
14	Infolge des sehr guten Geruchssinnes finden geschlechtsreife Lachse ihr Heimatgewässer auch noch nach mehreren Jahren zum Ablaichen bzw. Besamen der Eier.	C	O
15	Die Lebensräume und Wanderungen der Lachse lassen sich so schematisch darstellen: 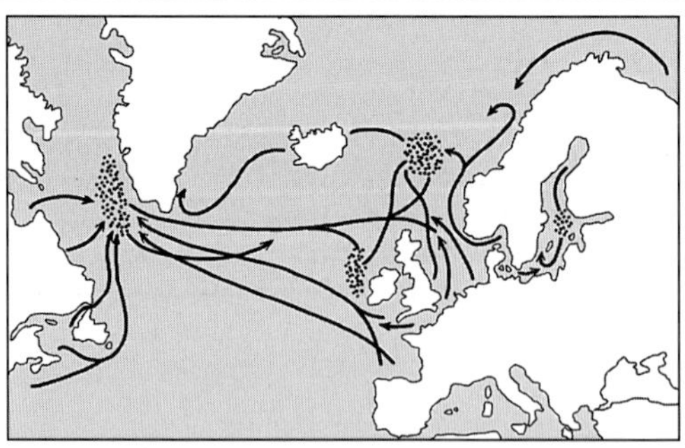	A	P
16	Erwachsene Lachse finden ihr Heimatgewässer durch ihren gut ausgeprägten Sehsinn und Hörsinn.	F	L

Station 15: Interessante Fische und ihre Fähigkeiten

Name: ________________________ Klasse: ______ Datum: ____________

Unter den Fischen gibt es zahlreiche Fischarten, die besondere Fähigkeiten haben. In diesen Fähigkeiten unterscheiden sie sich von den anderen Fischarten. An dieser Station lernt ihr einige Fischarten mit besonderen Fähigkeiten kennen.

Hammerhai

Material: Informationstext, Internet

Aufgaben:

1. Vervollständigt die folgende Übersicht. Nutzt als Informationsquellen den Informationstext auf den folgenden Seiten sowie bei Bedarf das Internet.

Stichworte für die Fischgruppe	Besondere Fähigkeiten / Merkmale	Stichwort
P _ _ _ _ _fische	Die kleineren Fische säubern Kiemen, Körperoberfläche, Mund usw. der größeren Fische (darunter sind auch Raubfische als „Kunden" der Putzerfische).	Putzsymbiose
Leuchtende Fische	Sie senden ________ im dunklen Wasser aus und ________ dadurch andere Tiere an, die dann leicht zur ________ werden.	Leuchtorgane (_ _ _lumineszenz)
F _ _ _ _fische	Sie haben rote, braune und weiße ________ am Körper und großflächige ________ mit ________strahlen.	Giftfische
E _ _ _ _ _ _ _ _ _ _ _ Fische	Sie können ____________ Felder wahrnehmen und teilweise auch aufbauen.	Fische mit sogenanntem „6. Sinn"
L _ _ _ _ _fische	Sie haben sowohl __________ (Atmung im Wasser) als auch __________ (Atmung an Land) als Atmungsorgane.	„Doppelatmer"
F _ _ _ _ _ _ _ _ Fische	Sie können bis zu _____ m über das ________ segeln.	Flügelartig verbreiterte _ _ _ _ _ _n

2. Welches sind die „fünf Sinne", die man üblicherweise unterscheidet?

____

____

____

____

Informationstext zu Station 15: Interessante Fische und ihre Fähigkeiten

Viele Fische haben besondere Fähigkeiten, von denen die Wissenschaft bis heute nur wenig oder noch gar nichts weiß. Die Wissenschaftler verstehen erst allmählich, worin die besonderen Fähigkeiten bestimmter Fische bestehen und welche Bedeutung diese Fähigkeiten für die Fische und andere Lebewesen haben.

Insbesondere in Korallenriffen leben viele Fischarten auf sehr engem Raum zusammen. Wie andere Lebewesen werden auch Fische von Parasiten („Schmarotzern") befallen, die im Maul, auf den Kiemen sowie der Körperoberfläche leben und den „Wirt" schädigen können. Zahlreiche kleinere Fische haben sich darauf spezialisiert, größere Fische („Kunden") zu reinigen und sie damit vor Krankheitserregern zu schützen.

Bild 1: Putzerfische beim Putzen eines Messerlippfischs

Zu den „Kunden" der sogenannten **Putzerfische** gehören auch viele Raubfische wie große Haie und Mantarochen. Die „Kunden" kommen oft zur „Putzstation" und zeigen den Putzerfischen beispielsweise durch Abspreizen der Flossen, Öffnen von Maul und Kiemendeckeln, Körperstarre usw. an, dass sie gesäubert werden wollen. Wenn die Putzerfische diese Signale gut deuten können, so können sie gefahrlos ins geöffnete Maul der „Kunden" schwimmen und den Mundinnenraum reinigen, ja sogar die Zähne pflegen. Haben die „Kunden" genug von der Reinigung, ändern sie ihr Verhalten und die Putzerfische müssen sich schnell in Sicherheit bringen (Wegschwimmen und Aufsuchen eines Verstecks zwischen Felsen oder Korallen, Versteck unter dem größeren Fisch usw.), damit sie nicht von den großen „Kunden" gefressen werden.
Zu den Putzerfischen gehören beispielsweise bestimmte Lippfische (Merkmale: lang gestreckter Körper, außergewöhnlich farbenfroh, wulstartige Lippe), die sich von den Hautschädlingen (Bakterien, kleine Krebse usw.) ihrer „Kunden" ernähren. Das bedeutet: Sowohl Raubfische als auch Putzerfische haben Vorteile von ihrem Zusammenleben. Man spricht deshalb von einer Symbiose, weil beide Arten von Lebewesen Nutzen aus dem Zusammenleben ziehen. Im konkreten Fall spricht man von einer **Putzsymbiose**.

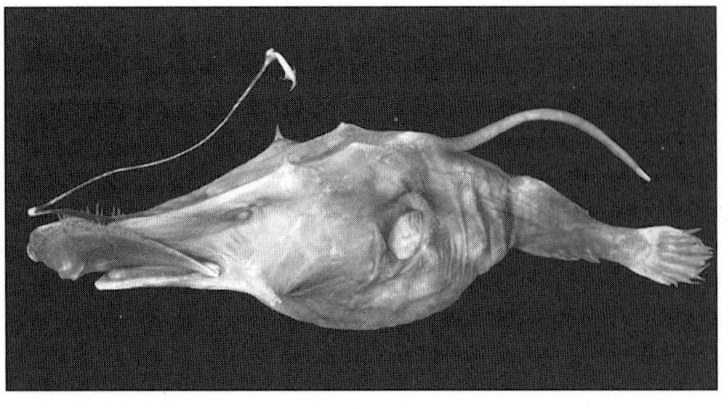

Bild 2: Tiefseeanglerfisch mit Leuchtorgan

Manche Meeresfische haben die Fähigkeit, bei Dunkelheit zu leuchten. Diese „leuchtenden Fische" haben ganz bestimmte **Leuchtorgane** entwickelt, in denen energiereiche Stoffe (z. B. Luziferin) durch spezielle Enzyme (Luziferasen genannt) unter Freisetzung von sichtbarem Licht abgebaut werden. Dieses biologische Phänomen nennt man **Biolumineszenz**.

Manche Fische haben spezielle Leuchtorgane (beispielsweise am Kopf oder an den Flossen) entwickelt, in denen sie bestimmte **Leuchtbakterien** beherbergen. Diese Bakterien sind für das Leuchten verantwortlich. Die Leuchtbakterien leben in Symbiose mit den Fischen und befinden sich geschützt in den Leuchtorganen, d. h., sowohl Fische als auch Leuchtbakterien ziehen aus dem Zusammenleben große Vorteile. Insbesondere viele Tiefseefische in der stockdunklen Tiefsee in über 1000 m Tiefe nutzen Leuchtsignale, um andere Fische „neugierig" zu machen und anzulocken. Dadurch werden die angelockten Fische zur leichten Beute der Raubfische, die die Leuchtorgane als Lockmittel nutzen.
Anmerkung: Leuchtorgane gibt es nicht nur bei Fischen, sondern auch bei vielen anderen Tierarten wie Krebsen und Leuchtkäfern. Die Leuchtkäferweibchen locken im Frühsommer (Mai / Juni) mit ihrem Leuchtorgan am Hinterleib – in der Dämmerung und nachts – die Leuchtkäfermännchen an, um sich mit ihnen zu paaren.

Feuerfische (Rotfeuerfische, Löwenfische) bewohnen insbesondere die Fels- und Korallenriffe im Roten Meer und im Pazifik. Alle Feuerfische sind Raubfische, die sich von Krebsen, Tintenfischen und kleineren Fischen ernähren.
Die Feuerfische werden bis zu 50 cm lang und haben große, fächerförmige Brustflossen. Feuerfische haben ein dichtes Muster von rötlichen, bräunlichen und weißen Querstreifen und sind deshalb in Felsspalten oder zwischen Korallen kaum zu erkennen. In den Strahlen der ersten Rückenflosse sowie in den Strahlen der Bauchflossen und der Afterflosse befindet sich starkes Gift. Dieses Gift ist für den Menschen nicht allzu gefährlich. Es wird jedoch von den Feuerfischen zur Verteidigung eingesetzt: Bei Gefahr strecken die Feuerfische ihre **giftigen Flossenstrahlen** den Angreifern entgegen. Doch nicht immer schreckt dies die Angreifer ab.

Bild 3: Rotfeuerfisch

Raubfische wie Flötenfische, Zackenbarsche und Muränen schlucken die Feuerfische im Ganzen, den Kopf voran. Das Gift der Feuerfische macht diesen Raubfischen wenig aus.

Zahlreiche Knochen- und Knorpelfische können elektrische Felder wahrnehmen oder haben gar **elektrische Organe**, die eine elektrische Spannung erzeugen. Dieser „6. Sinn" der Fische wird nicht nur zur Orientierung, sondern auch zur gegenseitigen Verständigung sowie zur Verteidigung und zum Beutefang genutzt.
Der „6. Sinn" der Fische ist insbesondere dann von Vorteil, wenn die Fische in trüben, dunklen Gewässern leben: Kommt ein anderes Tier in die Nähe des Fisches, so ändert sich das elektrische Feld um den Fisch und diese Änderung kann der Fisch erkennen. Auf diese Weise kann er Steine und andere Hindernisse von Tieren klar unterscheiden. Auch die Größe und Bewegung der sich nähernden Tiere ist für die „elektrischen Fische" gut erkennbar. So können beispielsweise Beutetiere von Raubfischen unterschieden werden.
Bekannte Fischarten mit elektrischen Organen, durch die starke Stromstöße erzeugt und andere Tiere gelähmt werden können, sind beispielsweise Zitteraal, Zitterrochen, Nilhecht und Zitterwels.

Bild 4: Zitteraal

Die **Lungenfische** haben nicht nur Kiemen (Atmung im Wasser), sondern auch Lungen (Atmung an der Luft) zum Atmen. Solche Fische werden deshalb auch als „**Doppelatmer**" bezeichnet. Heute kennt man sechs verschiedene Arten von Lungenfischen, die bis zu 1,70 m lang werden können und in Afrika, Südamerika und Australien leben. Ihr Körper ist lang gestreckt. Ein besonderes äußeres Merkmal der Lungenfische ist, dass Rückenflosse, Schwanzflosse und Afterflosse zu einem langen Flossensaum verwachsen sind.

Bild 5: Lungenfisch

Lungenfische leben im Wasser, steigen aber alle 30–60 Minuten an die Wasseroberfläche auf, um Luft zu atmen. Können sie nicht an die Wasseroberfläche gelangen, so ersticken die Lungenfische.
Alle Lungenfische sind Fleischfresser. Als Nahrung dienen ihnen vor allem Schnecken, Insektenlarven, Würmer, Krebse und kleine Fische.
Es wird berichtet, dass der Afrikanische Lungenfisch bis zu vier Jahre in einer Kapsel aus Schleim und Schlamm an Land überleben kann, wenn sein Heimatgewässer austrocknet.

Nicht nur Vögel können fliegen, sondern auch manche Knochenfische. Diese „**Fliegenden Fische**" können zwar nicht mit ihrem Flossen schlagen, aber doch im **Gleitflug** über der Wasseroberfläche bis zu 400 m in einer Höhe bis zu 5 m zurücklegen.
Manche Fliegenden Fische katapultieren sich so kräftig aus dem Wasser, dass sie mehrere hundert Meter weit fliegen und Fluggeschwindigkeiten von 70 km/h erreichen.
Brust- und Bauchflossen der Fliegenden Fische sind flügelartig verbreitert. Die Brustflossen setzen meist hoch am Körper an.
Man vermutet, dass dieses Fliegen eine Fluchtreaktion der „Fliegenden Fische" vor Feinden ist.

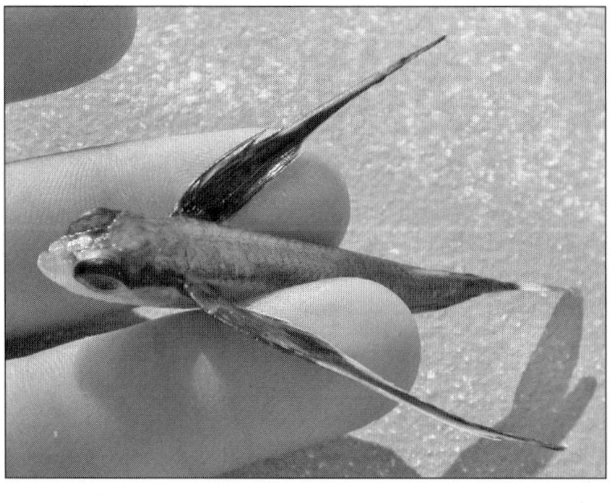

Bilder 6/7: Fliegender Fisch

Station 16: Der Mensch nutzt Fische für seine Ernährung

Name: ______________________ Klasse: ______ Datum: ____________

Frischer Fisch ist bei Menschen seit Jahrtausenden sehr beliebt und schmeckt nicht nur gut, sondern ist auch gesund. An dieser Station könnt ihr Näheres dazu erfahren.

Sushi

Material: Informationstext

Aufgaben:

1. Welche der hier abgebildeten Fische sind Fische aus Binnengewässern (Bäche, Flüsse, Seen, Teiche) und welches sind Fische aus dem Meer? Umkreist die Fische aus Binnengewässern mit roter Farbe, die Fische aus dem Meer mit blauer Farbe.

Hecht

Schellfisch

Seehecht

Makrele

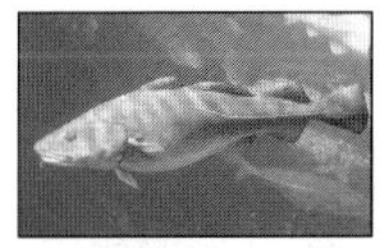

Kabeljau

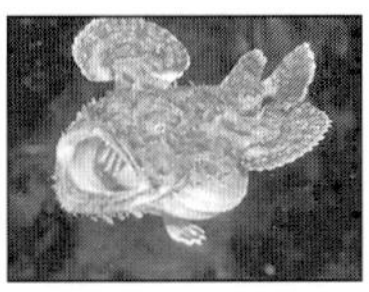

Seeteufel

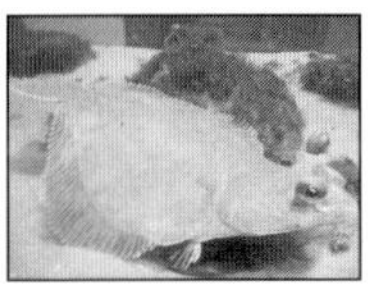

Scholle

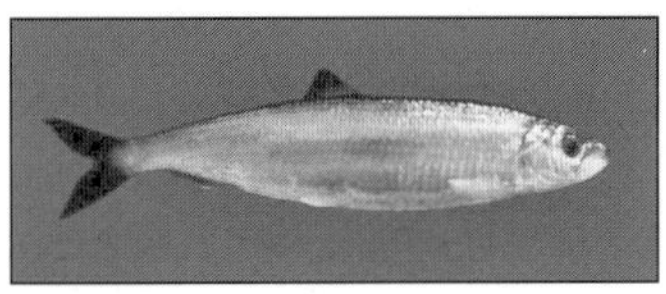

Hering

Rotbarsch

Lachs

Rotauge

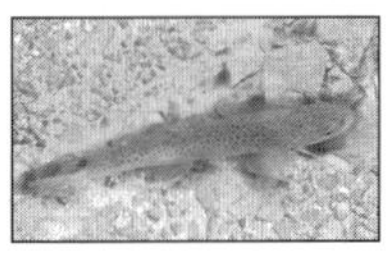

Forelle

Karpfen

Zander

2. Fischfleisch ist nicht nur wohlschmeckend, sondern auch gut bekömmlich und gesund. Warum ist Fischfleisch so gesund? Kreuzt die richtige/n Aussage/n an.

Fischfleisch …

○ … ist sehr fettreich.

○ … ist reich an Stärke und Zucker.

○ … enthält viele Vitamine.

○ … ist reich an Mineralstoffen (Mineralsalzen).

○ … enthält viel wertvolles Eiweiß.

○ … ist reich an Ballaststoffen.

○ … ist leicht verdaulich.

3. Während die Fische in Fischzuchtbecken (z. B. Teiche für Forellen oder Karpfen) leicht mit einem Netz zu fangen sind, ist das Fangen von Fischen in den Weltmeeren oft recht schwierig. Ergänzt den folgenden Lückentext; verwendet dazu die kursiv gedruckten Wörter und Zahlen unter dem Lückentext.

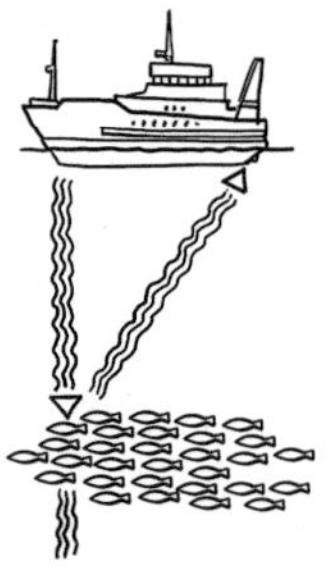

Echolot

Schleppnetztechnik

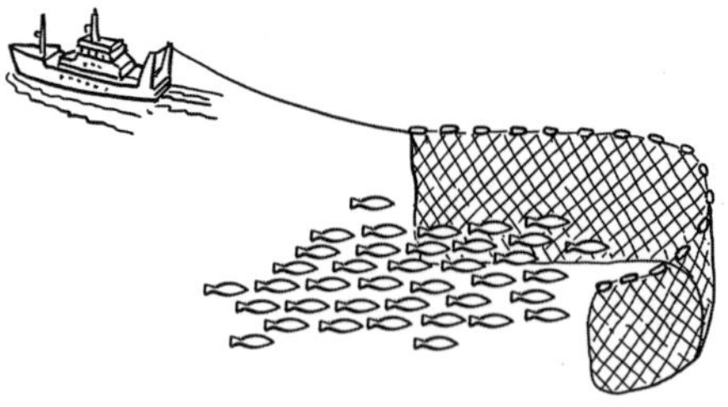

Treibnetztechnik

Um die Fische im ______________ aufzuspüren, kommen verschiedene ______________________ zum Einsatz.
Zunächst wird über ____________ von Radarschiffen aus festgestellt, wo sich die ______________ befinden. Diese Informationen werden über __________________________, die sich in über 10 000 m Höhe befinden, an die __________________________ weitergeleitet.
Diese Schiffe fahren dann zu den _________________ an den betreffenden Stellen im Meer und bringen die ______________ möglichst nahe an die Fischschwärme heran. Dazu setzen sie _________lot ein, um Tiefe und Bewegungsrichtung sowie die ____________ eines Fischschwarms abschätzen zu können.
Leistungsfähige ________________ an Bord der Fangschiffe helfen hierbei und zeigen die Fischschwärme auf dem Bildschirm an.
Mithilfe von Treib________________ fängt man die Fische, die sich nahe an der Wasseroberfläche bis etwa __________ m Tiefe aufhalten. Treibnetze sind bis zu _______ km lang und kaum ____________. In ihnen verfangen sich auch Delfine, Wale, _________ und _________ sowie _________vögel.
Fische, die in größeren Tiefen leben (tiefer als 20 m) oder gar am Meeres__________, werden mithilfe von ___________netzen gefischt.
Kleinere, unerwünschte Fische und Krebse, der sogenannte Bei____________, wird zu Fisch________________ verarbeitet und als ________futter (Futter für Geflügel, Schweine usw.) verwendet.
Durch die Ver____________________ der Meere durch auslaufendes __________ (beispielsweise aus verunglückten ____________ und beschädigten Bohr____________) sowie die __________fischung der Meere wird es immer schwieriger, lohnende Fischschwärme aufzuspüren und zu fangen.
International vereinbarte ____________zeiten und __________begrenzungen sollen die Überfischung der Meere verhindern helfen und die Fisch___________ in Zukunft besser schützen.

Einzusetzende Wörter: *20, 100, -bestände, -boden, Computer, Echo-, Erdöl, -fang, Fanggründen, Fangschiffe, Fischschwärme, Größe, Haie, -inseln, Kraft-, Meer, -mehl, Mengen-, Netze, -netzen, Radar, Robben, Satelliten, Schlepp-, -schmutzung, Schon-, See-, sichtbar, Tankern, Über -, Verfahren (Methoden)*

4. Zusatzaufgabe: Manche Menschen halten Fische als Haustiere. Informiert euch, wie eine artgerechte Haltung von Fischen im Aquarium aussieht.

Informationstext zu Station 16: Der Mensch nutzt Fische für seine Ernährung

Schon vor vielen Tausend Jahren nutzten die Menschen die Fische als **Nahrungsquelle**. Nicht nur in Bächen, Flüssen und Seen (d. h. im Süßwasser) fischten unsere Vorfahren, sondern auch im Meer (also im Salzwasser). Unsere Vorfahren machten schon vor langer Zeit die Erfahrung, dass manche Fische besonders gut schmecken und andere nicht. In der folgenden Übersicht sind einige wichtige Speisefische zusammengestellt.

Bild 1: Der Kabeljau ist ein beliebter Speisefisch.

Speisefische aus Binnengewässern (Süßwasserfische)	Speisefische aus dem Meer (Salzwasserfische)
Bachforelle	Hering
Bodenseefelchen	Kabeljau
Flussbarsch	Makrele
Hecht	Rotbarsch
Karpfen	Scholle
Regenbogenforelle	Seeteufel
Rotauge	Seelachs
Zander	Thunfisch

Bild 2: Übersicht zu den verschiedenen Speisefischen

Fischfleisch schmeckt nicht nur delikat und darf in der Fastenzeit verzehrt werden, sondern ist auch sehr bekömmlich, leicht verdaulich und gesund. Fischfleisch enthält viel wertvolles Eiweiß, viele lebenswichtige Vitamine und viele unentbehrliche Mineralstoffe (Mineralsalze) wie Kalium, Magnesium und Selen, das für unser Abwehrsystem von großer Bedeutung ist. Schwer verdauliches Fett und Kohlenhydrate wie Zucker und Stärke sind in Fischfleisch nur wenig vorhanden, auch kaum Ballaststoffe.

Forellen und Karpfen lassen sich in Teichen gut halten. Diese **Süßwasserfische** nehmen bei guter Fütterung schnell zu und stehen somit als Nahrungsgrundlage recht bald zur Verfügung. Die **Meeresfische** dagegen sind teilweise nur schwer zu finden und das Fischen erfordert oft einen großen Aufwand. Die deutsche Hochseefischerei fängt die meisten Fischen in der Nordsee und im Nordatlantik vor den Küsten Grönlands.

Moderne Fischereiflotten spüren die Fischschwärme mit Radar auf. Dazu „tasten" speziell ausgerüstete Schiffe mit ihrem **Radar** das Meer nach Fischschwärmen ab und senden die Informationen über **Satelliten**, die sich in über 10 000 m Höhe befinden, an die großen Fangschiffe der Fischereiflotten. Diese Schiffe fahren aufgrund dieser Satelliten-Informationen teilweise über

große Strecken in die Nähe der Fischschwärme und nutzen jetzt ihr eigenes **Echolot**, um die Größe und Tiefe eines Fischschwarms möglichst genau zu bestimmen.
Bodenfische und Fische in Tiefen unter etwa 20 m werden mit **Schleppnetzen** gefangen.
Fische nahe der Meeresoberfläche fängt man meist mit **Treibnetzen**, die nahe der Wasseroberfläche teilweise tagelang im Meer hinter den Fangschiffen hergezogen werden. Diese riesigen Treibnetze sind für die Meerestiere kaum sichtbar und können über 100 m tief und bis zu 100 km lang sein.

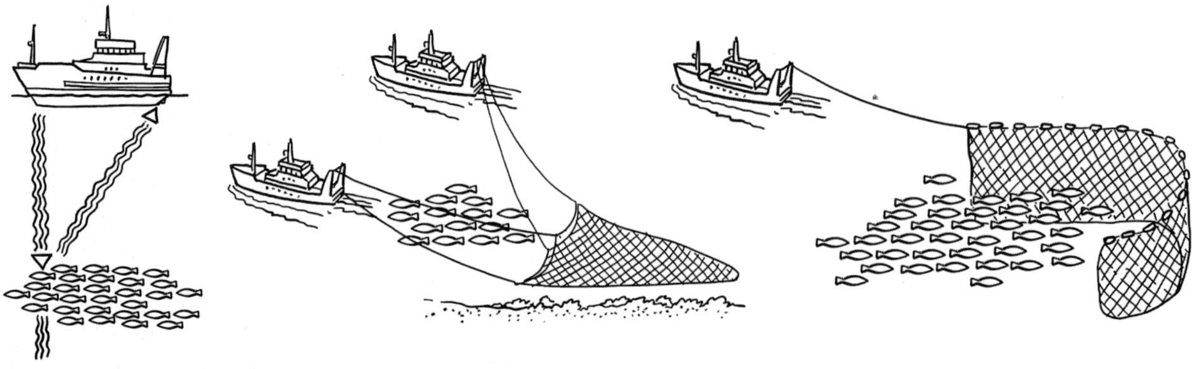

Bild 3:
a) Echolot zur Vermessung des Schwarms *b) Schleppnetztechnik ab 20 m Tiefe* *c) Treibnetztechnik für die Oberfläche*

Wenn die Netze mithilfe starker Seilwinden langsam eingeholt werden, findet man in den Netzen meist nicht nur Fische unterschiedlicher Größe, sondern auch Krebse, Meeresschildkröten, Robben, Haie, Wale und verschiedene Seevögel. Diese Tiere können sich nicht aus den Maschen der Kunststoffnetze befreien und viele Tiere verenden in den Netzen, bevor sie von der Mannschaft an Bord des Fangschiffes befreit werden können. Manche Schiffe bringen die gefangenen Fische als **Frischfisch** an Land. Es gibt jedoch zunehmend auch die großen Industrieschiffe, die wochenlang auf See unterwegs sind und die Fische an Bord gleich (beispielsweise zu Fischstäbchen) verarbeiten, die Fischpackungen an Bord tiefkühlen und nach wochenlanger Fahrt auf dem Meer ihre Ladung dann löschen (d. h. an Land „abladen").
Fische, die gefangen werden und für die menschliche Ernährung nicht geeignet sind, bezeichnet man als **Beifang**. Dieser wird meist zu Fischmehl verarbeitet, das dann als Kraftfutter (z. B. an Geflügel, Schweine) verfüttert wird.

Seit einigen Jahrzehnten wird es zunehmend schwieriger, lohnende Fischschwärme zu orten und zu fangen. Durch die riesigen Fangschiffe werden die Fischschwärme in großen Mengen abgefischt, d. h., es werden mehr Fische „geerntet" als „nachwachsen" können. Es kommt zu einer **Überfischung.**
Zudem kommt es immer wieder zu Tankerunfällen und Lecks auf Bohrinseln, wodurch große Mengen **Erdöl** ins Meer gelangen und sowohl Fische als auch andere Meerestiere vergiften. Dadurch sterben viele Meerestiere und die überlebenden Fische sind teilweise ungenießbar, weil ihr Fleisch zu viele Schadstoffe enthält.

Durch internationale Vereinbarungen, Schonzeiten für Fischarten während der Fortpflanzungszeit und Kontrollen auf hoher See sowie Fangmengenbegrenzungen versucht man, die Fischschwärme im Meer zu schützen. Man will damit die **Vielfalt der Fischarten** im Meer erhalten und die Fischbestände nachhaltig schonen, damit auch künftige Generationen das Meer als Nahrungsgrundlage nutzen können.

Station 17: Verschiedene Hai-Arten am Körperbau erkennen

Name: ______________________ Klasse: ______ Datum: __________

In den Weltmeeren schwimmen über 500 verschiedene Hai-Arten. Etwa die Hälfte aller Hai-Arten wird nur bis zu 1 m lang.
Viele Menschen meinen, die Haie sind kaltblütige Killer und „Menschenfresser". Tatsächlich sterben nur fünf Menschen pro Jahr infolge eines Hai-Angriffs.

Haie

Material: Biologiebücher, ggf. Biologie-Lexika oder Internet

Aufgaben:

1. Die Puzzleteile (auf dieser und der nächsten Seite) sind durcheinandergeraten und ergeben, richtig zusammengesetzt, fünf verschiedene Haie.

a) Schneidet die Puzzleteile auf dieser und der nächsten Seite sorgfältig aus.

b) Setzt die Puzzleteile korrekt zusammen und klebt sie auf ein Blatt.

c) Ordnet die folgenden Namen den verschiedenen Bildern zu. Nutzt hierfür als Informationsquelle verschiedene Hilfsmittel (z. B. Biologiebücher, Lexika, Internet).

Walhai (größte Hai-Art: bis zu 14 m lang, bis zu 12 Tonnen schwer)

Riesenhai (bis zu 10 m lang)

Weißer Hai (bis zu 7 m lang)

Tigerhai (bis zu 6 m lang)

Hammerhai (bis zu 6 m lang)

2. <u>Zusatz:</u> Falls ihr noch Zeit habt und ihr euch für das Thema „Haie" besonders interessiert: Informiert euch über mindestens eine Hai-Art genauer (z. B. im Internet) und erstellt einen Steckbrief für die betreffende Hai-Art (Name, Körperlänge, Ernährung, Häufigkeit, besondere Merkmale usw.).

Puzzleteile:

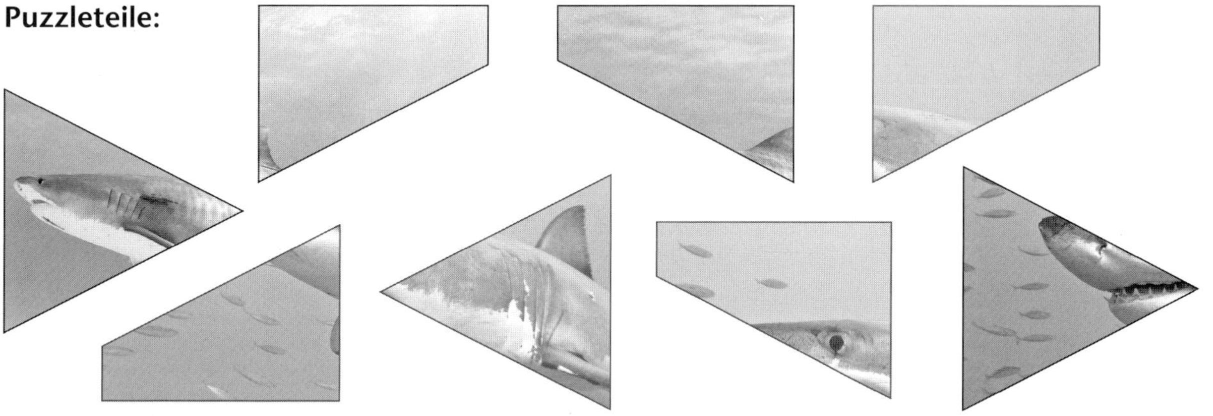

Station 18: Wissenswertes zum Thema „Haie“

Name: ______________________ Klasse: ______ Datum: ____________

Haie, gelegentlich in der Umgangssprache auch Haifische genannt, sind faszinierende Tiere. An dieser Station erfahrt ihr Näheres über die Haie.

Der Walhai ist die größte heute lebende Fischart.

Materialien: Biologiebücher, Biologie-Lexika, ggf. Internet

Aufgabe:

1. In der folgenden Übersicht sind Aussagen über Haie zu finden.
   - **a)** Lest euch die einzelnen Aussagen genau durch. Informiert euch anhand der verschiedenen Informationsquellen, wenn ihr euch nicht sicher seid, ob die Aussage richtig oder falsch ist.
   - **b)** Kreist dann in der RICHTIG-Spalte oder der FALSCH-Spalte den betreffenden Buchstaben ein.
   - **c)** Habt ihr alle Aussagen mit RICHTIG oder FALSCH bewertet, so lest die eingekreisten Buchstaben von unten nach oben. So erhaltet ihr die drei Lösungswörter.

Lösungssatz: ______________ ______________ ______________.

Nr.	Aussage	RICHTIG	FALSCH	Bemerkungen
1	Beim Angriff auf Robben, Delfine oder Fische verlieren Haie oft zahlreiche Zähne, da diese nur leicht in der Haut stecken und nicht im Knochen eingewachsen sind.	E	T	
2	Die meisten Haie haben auf jeder Körperseite fünf Kiemenspalten, aber – im Gegensatz zu den Knochenfischen – keine Kiemendeckel. 	H	Z	
3	Haie haben mit Ausnahme des Menschen keine Feinde.	L	C	
4	Haie haben nachwachsende Zähne sowie mehrere Zahnreihen. In einem Hai-Leben kann ein Hai bis zu 30000 Zähne nutzen. Bricht ein Zahn in einer Reihe ab, so wächst ein Zahn aus der nächsten Reihe nach. 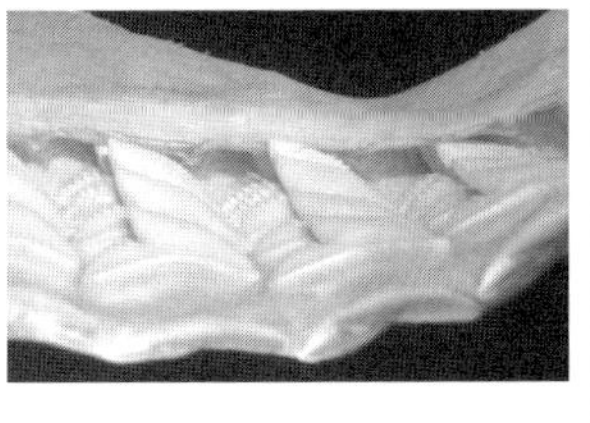	S	A	
5	Das Skelett der Haie ist aus Knochen. Deshalb zählen die Haie zu den Knochenfischen.	U	I	
6	Es gibt keine Haie, die lebende Jungen zur Welt bringen.		F	
7	Die Leber der Haie ist sehr fett- und ölreich, dadurch haben sie ein relativ geringes Gewicht und damit einen großen Auftrieb im Wasser.	L	A	

Nr.	Aussage	RICHTIG	FALSCH	Bemerkungen
8	Auch Haie haben, außer dem Menschen, zahlreiche Feinde: Kleine Haie werden beispielsweise von Seevögeln und Fischen erbeutet, größere Haie vor allem von Rochen und Schwertwalen.	E	W	
9	Das Seitenlinienorgan bei Haien ist besonders gut ausgebildet, sodass Haie kleinste Wasserbewegungen sehr gut feststellen können.	P	I	
10	Haie haben – im Gegensatz zu Walen, die bekanntlich Säugetiere sind – kein Spritzloch.	K	R	
11	Alle großen Haie, wie der Walhai (größter Hai; bis zu 14 m lang) und der Riesenhai (bis zu 10 m lang), sind gierige Fleischfresser.	G	O	
12	Haie sind, relativ zu ihrer Größe, leichter als Knochenfische, d. h., ihr Auftrieb im Wasser ist größer als der Auftrieb bei Knochenfischen.	N	M	
13	Haie haben zwischen dem Auge und den fünf Kiemenspalten ein Spritzloch, mit dem sie Atemwasser aufnehmen.	K	H	
14	Der Riesenhai ist ein gieriger Fleischfresser und ernährt sich vor allem von Pinguinen.	F	D	
15	Das Seitenlinienorgan der Haie reicht vom Kopf bis zur Schwanzflosse. 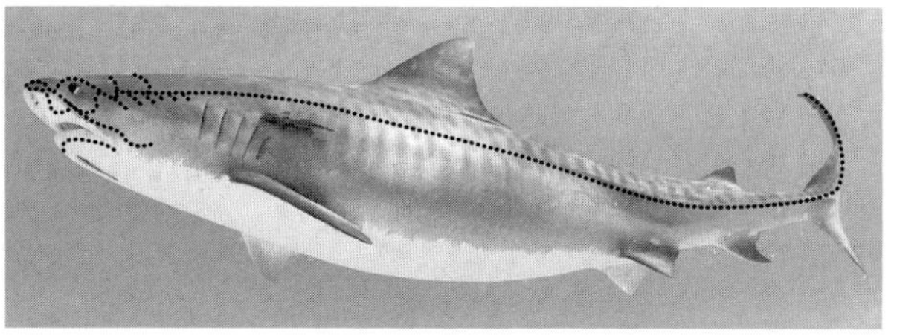	N	S	
16	Haie haben einen sehr gut ausgebildeten Geruchssinn mit Geruchssinnesorganen an der Schnauze. Damit können sie Blut im Wasser noch in milliardenfacher Verdünnung über mehrere hundert Meter wahrnehmen.	I	K	
17	Alle Fische haben eine Schwimmblase, also auch die Haie.	M	S	
18	Haie setzen ihre Schwimmblase ein, damit sie im Wasser aufsteigen und absinken.	W	E	
19	Durch feine Rillen in den Haischuppen wird der Wasserwiderstand herabgesetzt. Dieser „Haihaut-Effekt" wird beim Bau von Schiffen, U-Booten und Flugzeugen genutzt. 	I	R	
20	Haie leben vorwiegend im Meer, schwimmen aber auch in großen Flüssen wie dem Amazonas (Südamerika) und dem Mississippi (Nordamerika) große Strecken flussaufwärts.	A	Z	
21	Haie können auch elektrische Spannungen und Magnetfelder wahrnehmen.	H	J	

Station A: Fischpuzzle

Name: ______________________________ Klasse: ______ Datum: ____________

Viele Fische kann man schnell an ihrer Körperform erkennen. An dieser Station könnt ihr sieben Fische zusammenpuzzeln – und lernt gleichzeitig die Namen dieser Fische.

Material: Schere, Puzzleteile zum Ausschneiden (diese und die nächste Seite), Biologiebücher, ggf. Internet

Aufgaben:

1. Schneidet die 28 Puzzleteile auf dieser und der nächsten Seite sorgfältig aus.
2. Setzt je vier Puzzleteile so zusammen, dass sich sieben verschiedene Fische ergeben.
3. Klebt die Puzzleteile jedes Fisches sorgfältig aneinander.
4. Knobelt dann aus den folgenden sieben „Puzzlewörtern" die Namen dieser Fische.

RANDEZ – EEAOBCFHLLR – TECHH – NEFPRAK – ALA – ESLW – OICHNMFSD

5. Ordnet den Fischbildern die korrekten Namen der Fische zu. Wenn ihr nicht sicher seid, wie welcher Fisch heißt, so informiert euch im Biologiebuch, im Biologie-Lexikon, in einem Bestimmungsbuch für Fische oder im Internet.

Puzzleteile:

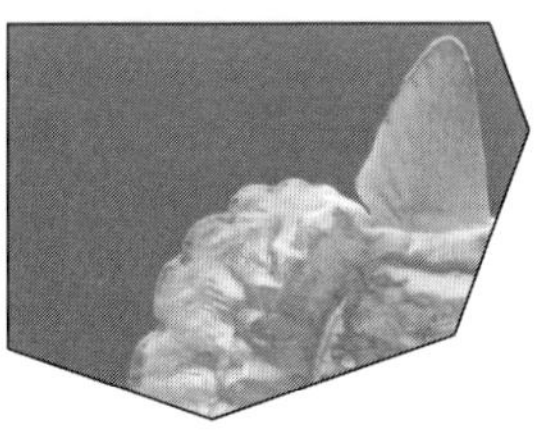
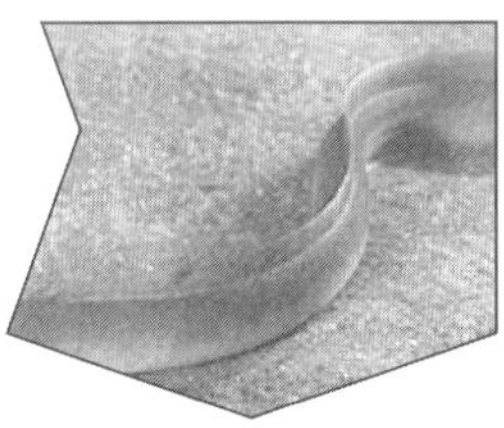
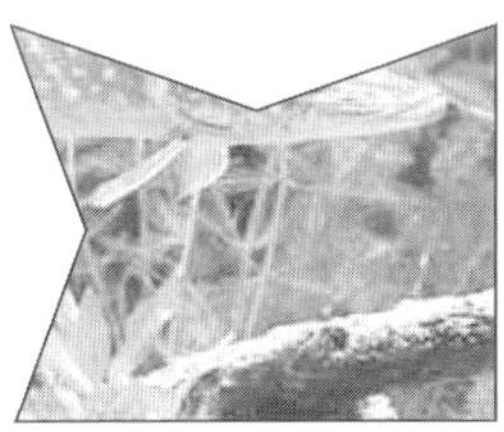

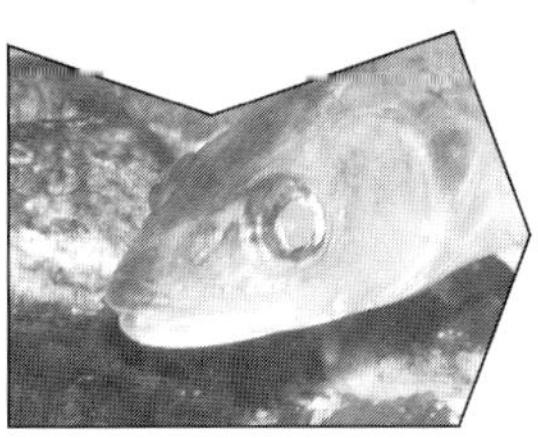
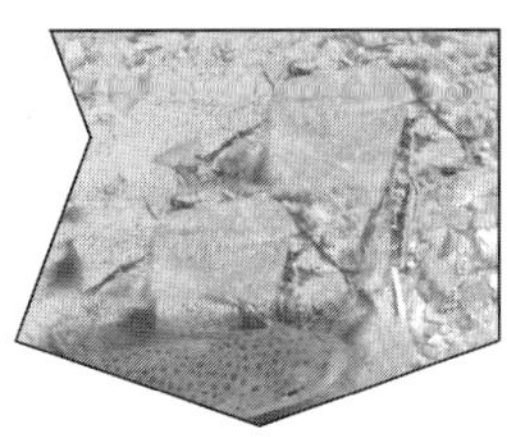
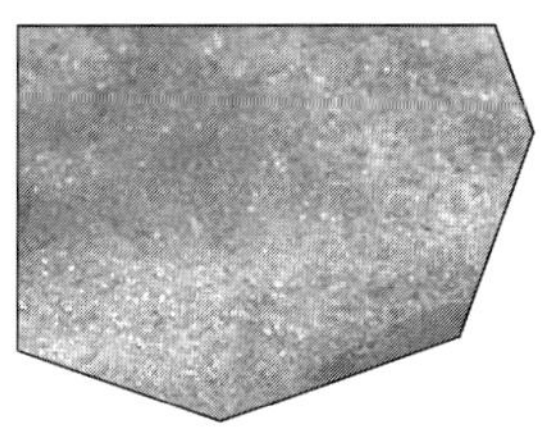

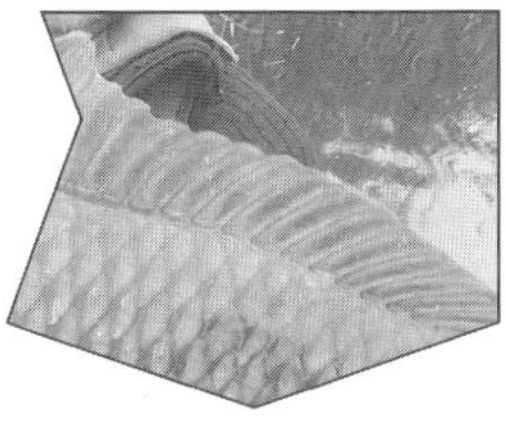
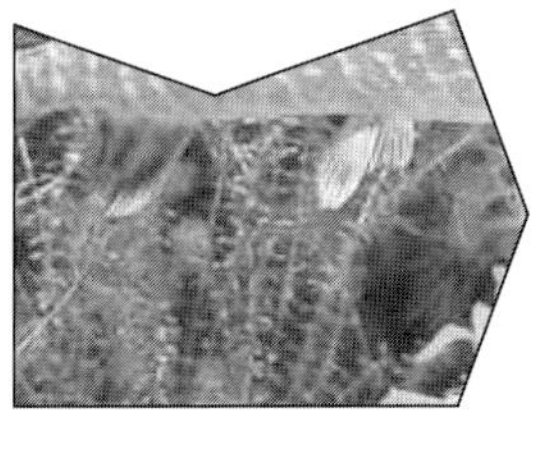

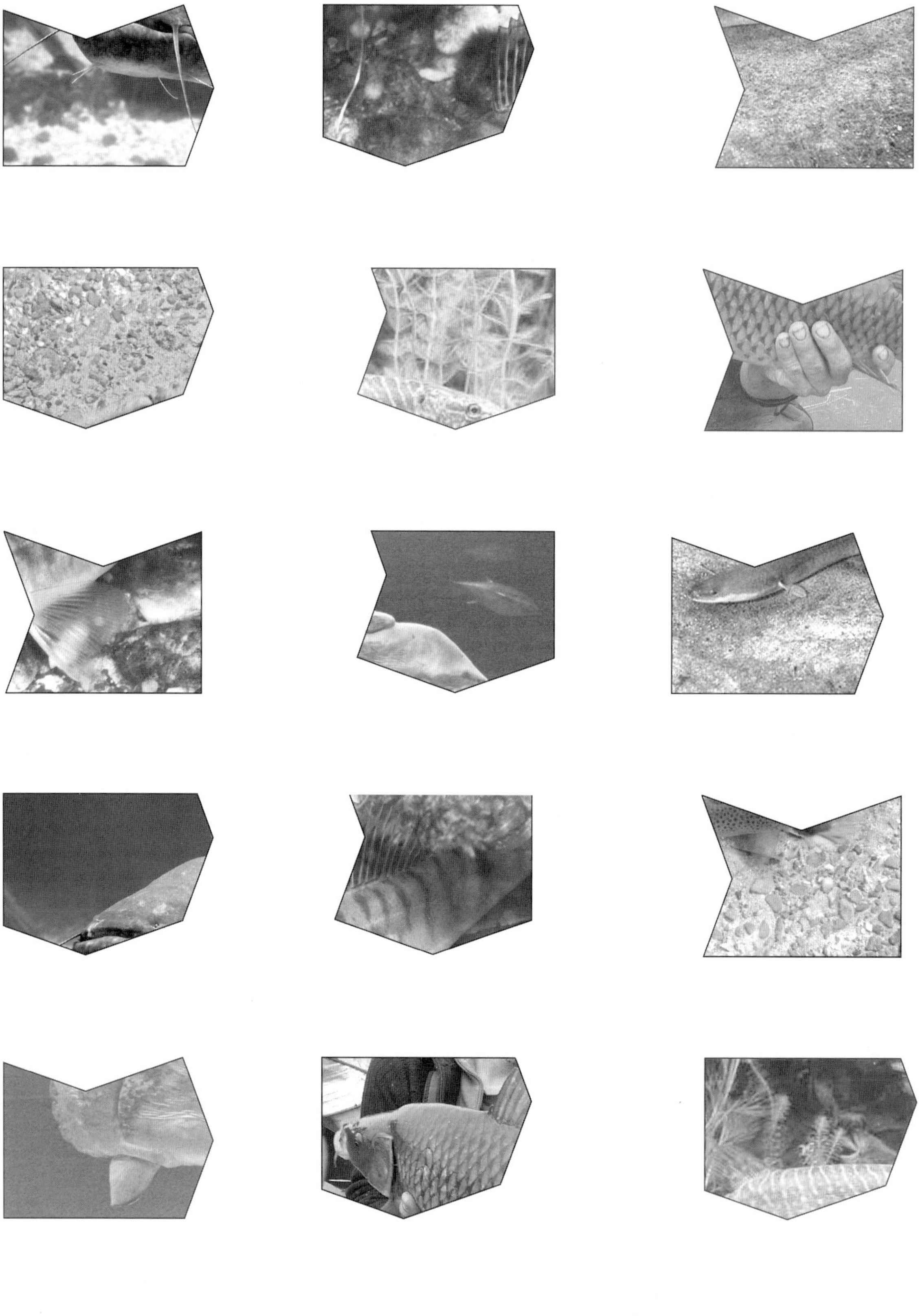

Station B: Buchstabenpuzzle zum Thema „Fische"

Name: ____________________ Klasse: ______ Datum: __________

Über Fische wisst ihr schon eine ganze Menge. Ihr kennt auch schon viele Fachbegriffe, die beim großen Thema „Fische" angewandt werden können. An dieser Station könnt ihr euer Fachwissen über Fische festigen. Ihr könnt an dieser Station gerne auch immer wieder weiterarbeiten.

<u>Hinweis:</u> An dieser Station solltet ihr erst dann arbeiten, wenn ihr mindestens zwei Pflichtstationen bearbeitet habt.

Aufgabe:

1. Im folgenden Buchstabenpuzzle sind mehr als zehn verschiedene Fachbegriffe versteckt, die zum Thema „Fische" gehören. Die Fachbegriffe können waagrecht, senkrecht, von links nach rechts, von rechts nach links, von unten nach oben oder von oben nach unten geschrieben sein.
   Markiert die gefundenen Fachbegriffe mit einem Buntstift (z. B. Holzmalstift, Textmarker) und schreibt sie anschließend von A … bis … Z auf.

A	W	E	R	T	K	I	E	M	E	N	D	E	C	K	E	L	Z	U	I	O	P	Q	A	M	S	D	K
A	K	F	A	S	E	I	T	E	N	L	I	N	I	E	N	O	R	G	A	N	G	H	J	O	K	L	I
L	A	C	H	S	Y	C	X	V	B	N	K	M	Q	E	T	Z	U	U	I	O	A	S	D	N	F	G	E
W	R	R	G	N	T	H	B	R	U	S	T	F	L	O	S	S	E	N	M	D	Z	A	N	D	E	R	M
D	P	U	J	M	I	K	A	O	L	P	Q	S	C	W	D	V	C	E	F	B	R	G	N	F	T	U	E
V	F	X	V	B	Y	Q	U	W	E	R	T	Z	U	I	O	P	K	L	K	J	H	G	F	I	D	S	N
E	E	A	T	I	A	H	C	R	G	B	N	F	L	O	S	S	E	N	S	A	U	M	Q	S	P	O	B
F	N	A	U	E	R	G	H	G	R	U	B	S	G	A	C	U	N	V	C	Z	H	N	I	C	A	B	L
B	V	F	R	I	E	D	F	I	S	C	H	T	R	E	H	W	F	Q	H	Y	K	L	M	H	N	O	A
R	E	A	B	C	D	E	L	F	G	H	I	J	K	L	U	M	L	N	O	P	Q	R	S	T	U	V	E
T	R	E	L	L	E	R	O	F	W	X	Z	R	S	T	P	G	O	W	L	E	R	T	Z	U	I	O	T
H	L	J	M	K	H	C	S	I	F	B	U	A	R	L	P	P	S	O	L	I	U	Z	T	R	E	W	T
C	A	P	L	M	O	K	S	N	I	J	B	U	V	G	E	Z	S	Z	E	S	S	O	L	F	F	L	C
I	T	H	C	E	H	H	E	C	T	S	C	H	U	G	N	I	E	R	S	Q	W	E	R	T	Z	U	H
H	A	B	C	D	E	F	N	B	G	T	V	I	A	H	R	E	M	M	A	H	Z	H	N	Q	S	C	E
C	W	D	V	S	R	G	B	T	G	B	Z	H	N	U	J	M	I	O	L	L	K	J	N	B	F	T	N
S	C	H	W	A	N	Z	F	L	O	S	S	E	M	L	Z	T	F	B	B	B	A	Z	A	P	L	E	H
M	R	G	B	U	C	M	Y	K	S	W	B	U	H	C	K	R	E	F	M	I	L	C	H	E	L	D	K
I	Q	W	E	E	R	T	H	U	N	F	I	S	C	H	T	U	Z	I	M	Y	C	V	B	X	Z	Z	O
E	Y	S	E	R	X	D	R	C	F	T	V	G	Z	B	H	U	N	K	I	E	M	E	N	V	Q	N	P
L	W	Q	V	S	U	T	S	R	Q	P	O	N	M	L	K	J	I	H	W	G	F	E	D	C	B	E	A
H	T	G	B	T	I	G	E	R	H	A	I	Q	S	X	W	D	V	T	H	H	B	K	P	S	P	G	Y
C	A	Y	S	O	S	X	D	F	V	G	E	D	R	T	G	Z	A	B	C	L	K	M	J	G	H	O	C
S	P	L	L	F	I	S	Q	G	G	K	Z	W	E	R	G	W	E	L	S	I	W	A	S	S	E	R	I
D	F	G	T	F	K	R	A	B	E	M	V	K	P	P	L	A	T	T	F	I	S	C	H	A	A	P	K

Anzahl der gefundenen Begriffe insgesamt: ______

A ____

____

____

Station C: Teile eines Fisches RICHTIG benennen

Name: ______________________ Klasse: ______ Datum: __________

Die meisten Fische haben eine typische „Fischform“ und zahlreiche gemeinsame Merkmale in ihrem äußeren Körperbau. An dieser Station lernt ihr die verschiedenen Teile eines Fisches richtig zu benennen.

<u>Hinweis:</u> An dieser Station könnt ihr schon arbeiten, wenn ihr noch gar keine andere Station bearbeitet habt.

Aufgabe:

1. Das folgende Rätsel ist ein besonderes „Kreuzworträtsel“: Im Bild sind die unterschiedlichen Teile einer Bachforelle hervorgehoben, ebenso die Wortbeginne im Rätsel. Findet die korrekten Fachbegriffe, die im Rätsel waagrecht oder senkrecht angeordnet sind. Die Wörter können von links nach rechts, von rechts nach links, von oben nach unten oder von unten nach oben angeordnet sein.

<u>Hinweise:</u>

1. Der erste Buchstabe jedes Fachbegriffes ist schwarz unterlegt.
2. Ä = AE, Ü = UE, Ö = OE

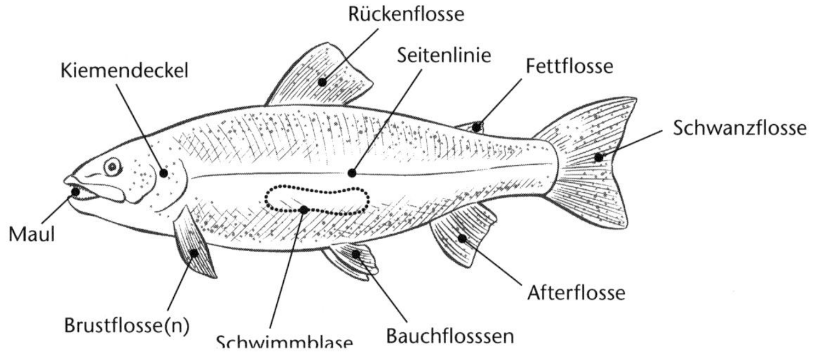

Q	W	S	E	R	K	I	E	M	E	N	D	E	C	K	E	L
T	Z	C	U	B	I	O	P	A	S	D	F	G	H	J	K	U
S	C	H	W	A	N	Z	F	L	O	S	S	E	L	M	B	A
Y	C	W	V	U	X	Q	A	Y	W	S	X	E	D	C	R	M
F	V	I	R	C	G	B	T	H	M	Z	G	B	P	O	U	H
E	Q	M	T	H	G	D	G	A	P	Q	W	E	R	T	Z	B
S	A	M	G	F	E	I	N	I	L	N	E	T	I	E	S	R
S	Y	B	B	L	Q	A	B	N	M	A	S	D	F	S	G	U
O	W	L	Z	O	A	B	F	G	N	Y	D	R	F	S	V	S
L	S	A	H	S	Y	D	E	R	H	B	H	I	Z	O	M	T
F	X	S	N	S	W	U	V	C	Z	Y	V	C	X	L	B	F
R	E	E	U	E	S	J	D	S	U	R	E	U	A	F	R	L
E	D	L	J	N	X	M	W	Q	J	V	D	S	H	T	U	O
T	C	O	M	Z	E	W	C	M	T	F	E	P	C	T	K	S
F	R	P	I	X	D	E	S	H	G	J	V	R	O	E	L	S
A	F	U	K	G	C	R	Q	T	B	W	G	A	L	F	M	E
I	V	E	S	S	O	L	F	N	E	K	C	E	U	R	T	N

Station D: Mindmap zum Thema „Fische"

Name: ______________________ Klasse: ______ Datum: ____________

Das Thema „Fische" ist sehr vielfältig. Mithilfe einer Mindmap könnt ihr euch einen guten Überblick über die komplexe Thematik verschaffen und mithilfe einer guten Struktur die Wissensinhalte gut behalten.

Hinweis: An dieser Station (dieser Mindmap) könnt ihr immer wieder weiterarbeiten, wenn ihr Zeit dafür habt. So könnt ihr Schritt für Schritt die Mindmap erweitern und immer mehr verfeinern.

Skalare

Aufgabe:

1. Vervollständigt die folgende Mindmap zum Thema „Fische". Versucht, möglichst viele Unterthemen in der Mindmap aufzuführen und mit Inhalt (Stichpunkten, Zahlen usw.) zu füllen.

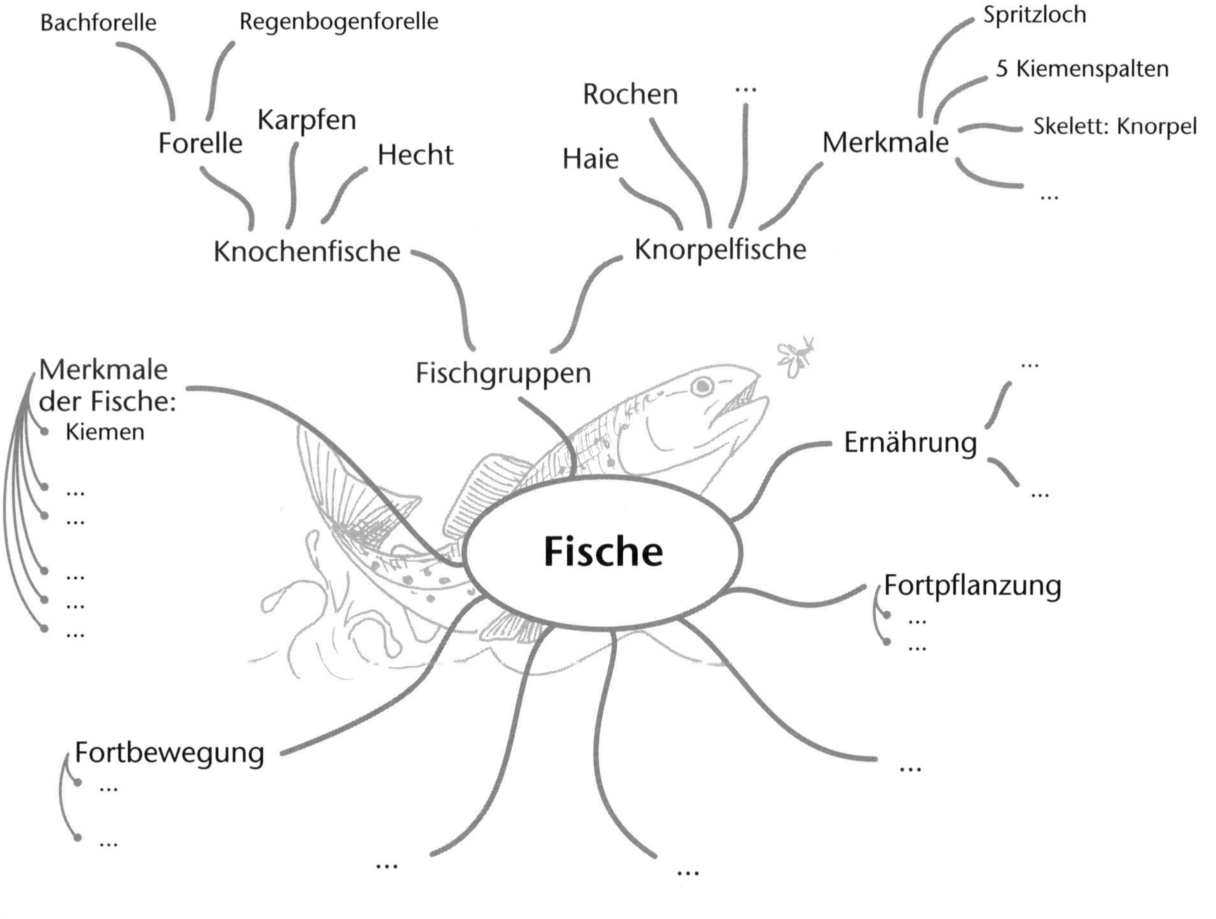

Test zum Thema „Fische" *Lösungen*

1.

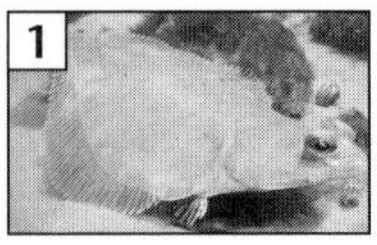

Scholle

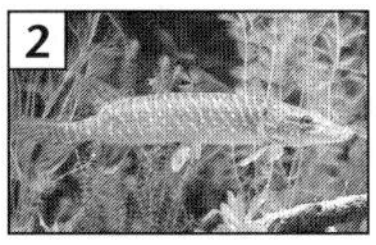

Hecht

Tigerhai

Karpfen

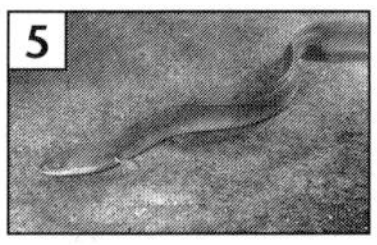

Aal

Forelle

2. Körpergestalt eines Fisches:

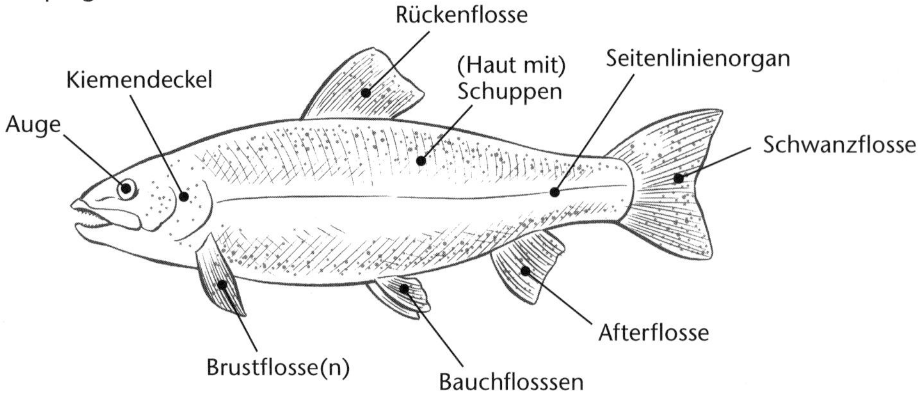

3. Für die Bachforelle trifft zu:
- ◯ Sie ist ein Friedfisch.
- ⊗ Sie hat im Maul viele kleine Zähne.
- ◯ Sie wird bis zu 120 cm lang.
- ◯ Sie bringt lebende Junge zur Welt.
- ⊗ Sie legt Eier.
- ⊗ Sie ist ein Raubfisch.
- ◯ Sie hat eine Lungenatmung.

4. Die Kiemen sind die Atmungsorgane der Fische. In den Kiemen wird aus dem Wasser Sauerstoff aufgenommen und Kohlenstoffdioxid ans Wasser abgegeben.

5. Die Schwimmblase gibt es nur bei den (meisten) Knochenfischen (und nicht bei den Knorpelfischen wie beispielsweise den Haien und den Rochen). Von der Luftmenge in der Schwimmblase hängt es ab, ob der Fisch im Wasser schwebt (Schwimmblase etwas gefüllt), sinkt (Schwimmblase mit wenig Luft gefüllt) oder nach oben getrieben wird (Schwimmblase stark mit Luft gefüllt und deshalb recht groß).

6. Das Seitenlinienorgan bei Fischen …
- ◯ … dient dem Riechen.
- ◯ … dient der schnelleren Fortbewegung.
- ◯ … dient zum Atmen.
- ◯ … ist das Geschlechtsorgan.
- ⊗ … hilft den Fischen bei der Orientierung.
- ◯ … ist eine Art Magnet, der die Beutetiere anzieht.

7.
- **a)** Rogner: **weiblicher Fisch, der geschlechtsreif ist**
- **b)** Milchner: **männlicher Fisch, der geschlechtsreif ist**
- **c)** Rogen: **Fischeier (Laich)**
- **d)** äußere Befruchtung: **Befruchtung der Eier im Wasser**

8.

☐ 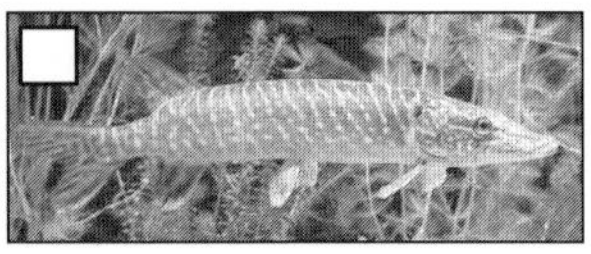

☒ 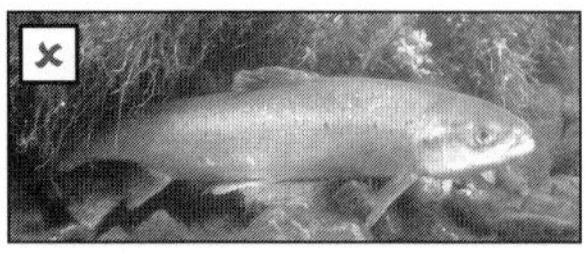

☐ 

9.

10. Knochenfische haben …

- … vier Paar Kiemenspalten,
- … einen Kiemendeckel über den Kiemen,
- … kein Spritzloch,
- … meist eine Schwimmblase.

***Jokeraufgabe:** Im Bach-, See-, Teich-, Fluss- und Meerwasser ist stets etwas Luft gelöst enthalten; in kaltem Wasser löst sich mehr Luft als in warmem Wasser.

Versuch: Erwärmt man Wasser beispielsweise in einem Becherglas oder einem Topf, so steigen schon nach kurzer Zeit (bereits bei 40 °C) im Wasser Luftblasen auf.

Station 1: Fisch-Suchbild *Lösungen*

1.–3.

1 Forelle, **2** Karpfen, **3** Scholle, **4** Seepferdchen, **5** Tigerhai, **6** Hammerhai, **7** Mondfisch, **8** Muräne, **9** Rotfeuerfisch, **10** Laternenangler, **11** Schwertträger, **12** Neonsalmler, **13** Segelflosser, **14** Hecht, **15** Groppe, **16** Aal, **17** Wels, **18** Sägehai, **19** Adlerrochen, **20** Bachneunauge, **21** Lachs, **22** Kugelfisch

4. Individuelle Lösungen

Station 2: Die Einteilung von Fischen – verschiedene Möglichkeiten *Lösungen*

1. a)–d)

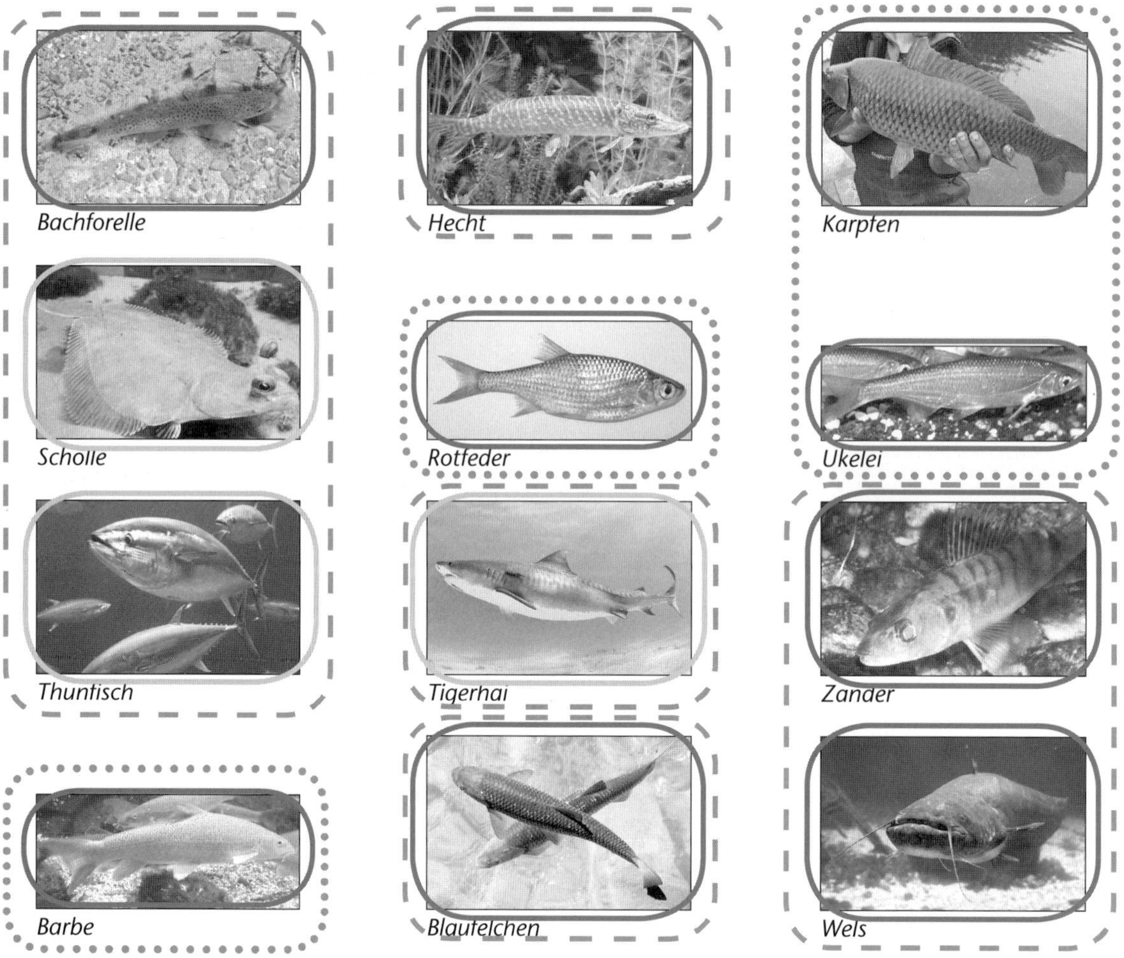

a) Farbe Rot (= ▭) für Süßwasserfische

b) Farbe Blau (= ▭) für Meeresfische (Salzwasserfische)

c) Farbe Grün (= ⁚⁚⁚) für Friedfische

d) Farbe Violett (= ⁞ ⁞) für Raubfische

2. Weitere Möglichkeiten, wie man Fische einteilen kann:
Lebend gebärende und nicht lebend gebärende (Eier legende) Fische; Plattfische und Nicht-Plattfische; Warmwasserfische und Kaltwasserfische; Knochenfische und Knorpelfische usw.

3. Da alle Fische eine Wirbelsäule haben, gehören sie zu den Wirbeltieren.

Station 3: Einheimische Fische *Lösungen*

1.

Vergleichspunkte	Bachforelle	Karpfen	Hecht
Länge: bis zu … cm	50 cm (selten bis zu 80 cm)	100 cm (selten bis zu 120 cm)	100 cm (selten bis zu 150 cm)
Gewicht: bis zu … kg	2 kg (selten bis zu 3 kg)	40 kg (selten bis zu 45 kg)	15 kg (selten bis zu 20 kg)
Lebensraum	Süßwasser (saubere, kalte, schnell fließende, sauerstoffreiche Bäche)	Süßwasser (Teiche, Seen, langsam fließende Flüsse mit schlammigem Untergrund (Unterlauf))	Süßwasser (größere Teiche und Seen, Mittellauf von Flüssen)
Raubfisch oder Friedfisch	Raubfisch	Friedfisch	Raubfisch

Vergleichspunkte	Bachforelle	Karpfen	Hecht
Nahrung	Wasserinsekten, kleine Fische, Kleinkrebse usw.	Wasserpflanzen, Wasserinsekten, Schnecken, Würmer usw.	Frösche, Wasserschnecken, kleinere Fische usw.
Schwanzflosse (nicht / wenig / tief gekerbt)	wenig gekerbt	tief gekerbt	sehr groß, wenig gekerbt
Barteln seitlich an der Oberlippe	keine Barteln	ja, 2 (jeweils eine Bartel links und rechts an der Oberlippe)	keine Barteln
Fortpflanzung	legt bis zu 1500 Eier, äußere Befruchtung	legt bis zu 1,5 Millionen Eier, äußere Befruchtung	Paarung im Frühjahr, bis zu 500 000 Eier, innere Befruchtung
Speisefisch? (insbesondere zu … [Jahreszeit, Fest])	beliebter Speisefisch	Weihnachts-, Neujahrskarpfen, Fastenzeit ist auch „Fischzeit"	beliebter Speisefisch
Besonderes	sehr scheu, gut im Wasser getarnt; Verwandte: Regenbogenforelle	Koi (= Zierkarpfen, vor allem in Japan sehr beliebt)	großes Maul mit vielen spitzen Fangzähnen; blitzartige Beschleunigung

Station 4: Exotische Fische *Lösungen*

1.

Skalare (Segelflosser)

Platys (Schwertträger)

Black Mollys (Spitzmaulkärpfling)

Panzerwelse

Guppys

Heimat: Flüsse in Südamerika
Besonderes: leicht zu züchten; viele verschiedene Zuchtformen bekannt; bringen lebende Junge zur Welt; wenig anspruchsvoll

Heimat: Flüsse in Mexiko und Mittelamerika
Besonderes: leicht zu züchten, viele verschiedene Zuchtformen; benötigen reichlich frische pflanzliche Nahrung, Grundfarbe schwarz

Heimat: Flüsse in Südamerika
Besonderes: sehr friedlich; gesellig; suchen den Boden, Steine und Glasscheiben nach Nahrung ab; „putzt" die Scheiben und reinigt sie so von Algen („Putzerfisch")

Heimat: Flussfische in Mittel- und Südamerika
Besonderes: anspruchslos; Gruppenfisch; pro Wurf bis 100 Jungfische; Weibchen silbrig-grau und doppelt so groß wie Männchen; wenn Männchen geschlechtsreif werden, färbt sich die Schwanzflosse bunt; auffällig große Schwanzflosse

Heimat: Amazonas mit Nebenflüssen (Südamerika)
Besonderes: seitlich recht flach; auffällig lange Flossen; bilden in der Laichzeit Reviere, die sie auch verteidigen

***Zusatzaufgabe:** Individuelle Lösungen

Station 5: Wir sezieren eine Forelle *Lösungen*

1./2. Die Forelle fühlt sich glitschig/feucht/glatt/... an.

3. Nase:

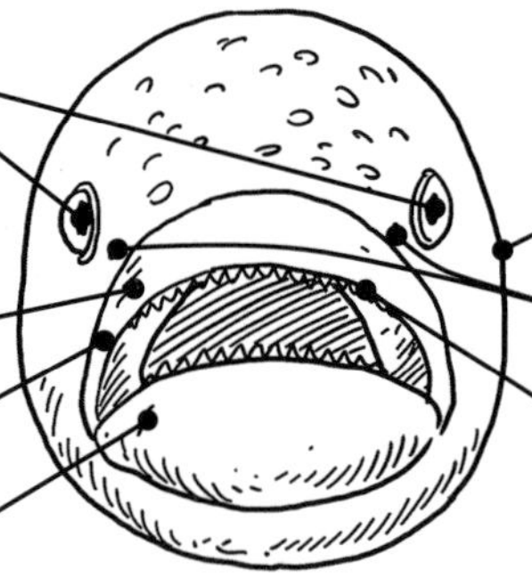

4. a) Die (rötlich-bräunlichen) Kiemen (mit den Kiemenblättchen) sind gut zu erkennen.

   b)–d) Folgende inneren Organe sind sichtbar: 1 – Kiemen, 2 – Herz, 3 – Leber, 4 – Magen, 5 – Wirbelsäule, 6 – Darm, 7 – Schwimmblase, 8 – Hoden, 9 – Niere

Station 6: Der Körperbau der Fische *Lösungen*

1. a) Maul – b) Augen – c) Kiemendeckel – d) Flossen

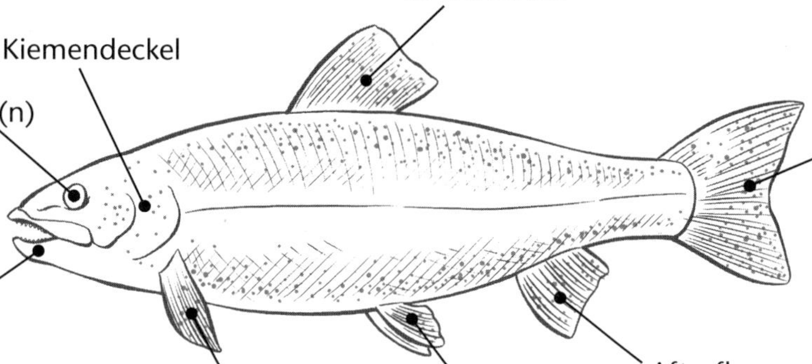

2. a) Schuppen (Nahansicht):

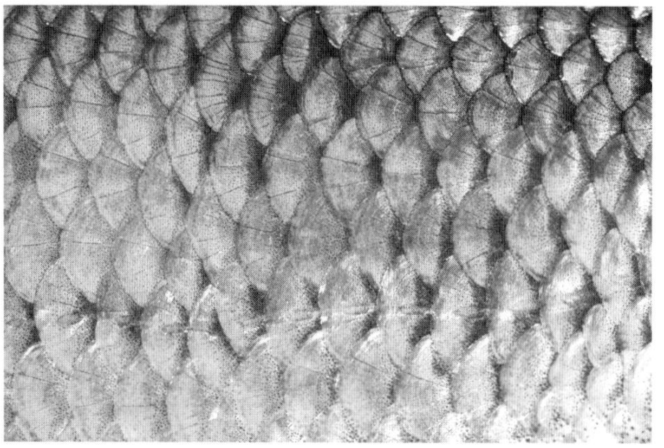

   b) Die von einer dünnen Schleimschicht überzogenen Schuppen sind so angeordnet, dass sie dem Wasser wenig Widerstand bei der Fortbewegung bieten.

Station 7: Die Fortbewegung von Fischen — *Lösungen*

1. *Aal*
Der Aal bewegt sich schlängelnd fort. Er hat einen großen Flossensaum am Rücken und bewegt sich mittelschnell fort.

Thunfisch
Der Thunfisch lebt im Meer, hat eine große Schwanzflosse, mit der er sich schnell und ausdauernd fortbewegen kann.

2. a) Bachforelle (2) Mondfisch (3) Thunfisch (1)

b) Der Mondfisch hat nur relativ kleine Flossen und einen relativ großen Körper, darum ist er wohl langsamer als der Thunfisch (Salzwasserfisch) und die Forelle (Süßwasserfisch). Die Forelle ist auf kurze Distanz sicher sehr schnell, aber nicht über längere Strecken. Bei größeren Strecken (z. B. 100 m oder gar mehrere Kilometer) ist der Thunfisch der Forelle überlegen.

3. a) / b)

Fischart	Schwimmgeschwindigkeit (in km/h, ca.)
Thunfisch	15
Bachforelle	5
Kofferfisch, Mondfisch	80
Hecht	1
Karpfen	30
Zum Vergleich: Mensch (Freistil, Weltrekord auf 100 m)	8

Station 8: Experimente zur Geschwindigkeit im Wasser — *Lösungen*

1.–8.

Körperform	Zeitbedarf in Sekunden bis zum Auftreffen des Körpers auf dem Boden des Messzylinders			Anmerkungen
	Versuch 1	Versuch 2	Mittelwert	
Kugel	6	8	7	
Zylinder	12	10	11	
Spindel	2	3	2,5	
Tropfen	3	4	3,5	

Hinweis: Die angegebenen Werte sind Richtwerte, die von verschiedenen Variablen abhängen (Hersteller der Knetmasse, Art des Bindfadens, Messgenauigkeit usw.)

9. Dieser Körper gleitet am schnellsten: **spindelförmiger Körper**
Dieser Körper gleitet am langsamsten: **zylindrischer Körper**

10. Am meisten Ähnlichkeit mit der typischen Fischform hat der spindelförmige Körper (Stromlinienform).

Station 9: Die Schwimmblase — *Lösungen*

1.

2. a) Der Luftballon ist leer: Der Kolben **liegt auf dem Boden.**

   Der Luftballon ist mittelstark gefüllt: Der Kolben **schwebt im Wasser.**

   Der Luftballon ist ganz mit Luft gefüllt: Der Kolben **schwimmt nahe der / an der Wasseroberfläche.**

   b) Mittels der Luftmenge in der Schwimmblase kann der Fisch regulieren, ob er weit oben oder weiter unten im Wasser schwimmt oder ob er im Wasser schweben will. Durch schnelles Entfernen der Luft aus der Schwimmblase kann der Fisch relativ schnell abtauchen; das Abtauchen wird durch den Flossenschlag beschleunigt.

   1) Der Fisch schwebt. 2) Der Fisch sinkt. 3) Der Fisch steigt.

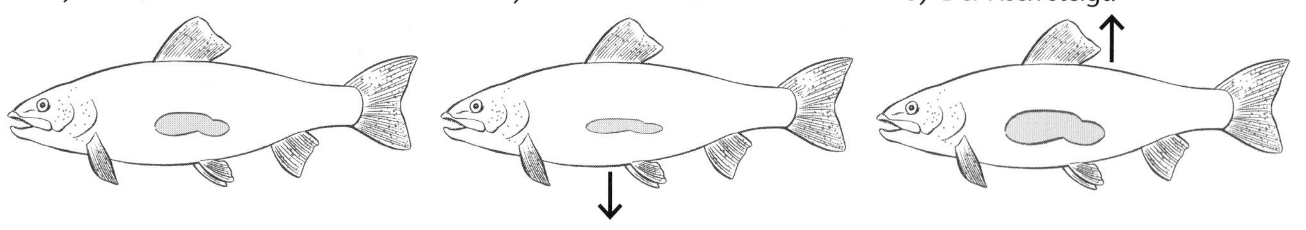

Station 10: Das Seitenlinienorgan *Lösungen*

1.

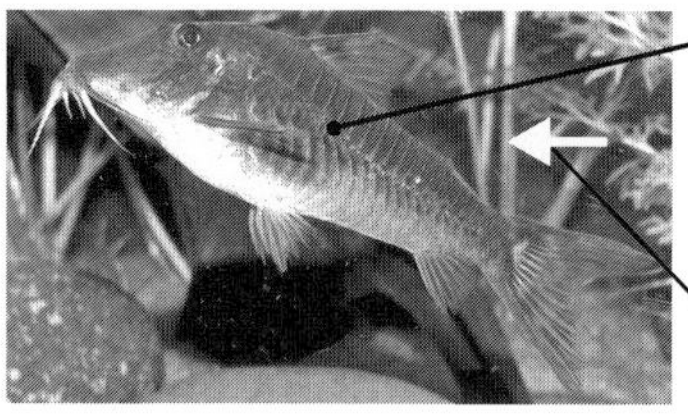

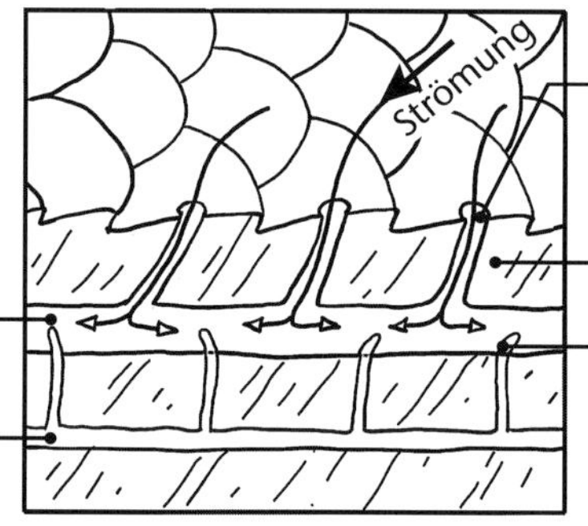

2. Das Seitenlinien**organ** findet man nur bei **Fischen**. Mithilfe dieses **Organs** können Fische schon kleine Änderungen der **Strömung** im **Wasser** feststellen.
   Das **Seitenlinien**organ ist **links** und rechts am Fisch als feine **Linie** zu sehen. Gut sichtbar ist es beispielsweise bei einer **Bachforelle** oder einem **Panzerwels**.
   Dieses Sinnesorgan, mit dem **Fische** jede kleine Strömungsänderung des Wassers feststellen können, besteht aus einem **feinen** Kanal, der unter der **Haut** an jeder Seite des Fisches verläuft. Über winzige **Poren** (= kleine Löcher in den Schuppen) ist der Kanal mit der Außenwelt verbunden.
   Im **Kanal** sitzen zahlreiche feine **Sinnes**zellen, die durch die Strömung im Wasser ständig bewegt werden. Jede Strömungs**änderung** (z. B. durch Hindernisse im Wasser oder vorbeischwimmende Fische) reizt die Sinneszellen. Diese Informationen werden über einen **Nerv** ans **Gehirn** geleitet. Der **Fisch** reagiert dann, indem er beispielsweise die **Schwimm**richtung ändert oder **schnell** vor einem Feind davonschwimmt.

Station 11: Die Atmung von Fischen *Lösungen*

1. Fischkiemen sind stark durchblutet und deshalb sind sie rot.
   <u>Hinweis:</u> Ist ein Fisch tot, so erscheinen die Fischkiemen dunkelrot bis braun, weil das Blut kaum noch Sauerstoff enthält und sich teilweise zersetzt. An frischen roten Kiemen erkennt man, dass tote Fische noch frisch sind.

2. An den Kiemen (genauer: den feinen, stark durchbluteten Kiemenblättchen) wird Sauerstoff aus dem Wasser aufgenommen und Kohlenstoffdioxid ins Wasser abgegeben.
   <u>Hinweis:</u> Die Oberfläche der Kiemenblättchen einer ca. 20 cm langen Forelle: ca. 1 500 cm^2 = 0,15 m^2 (≙ Blatt Papier mit 10 cm × 15 cm)

3. Beobachtet man **Goldfische** im Aquarium, so stellt man fest, dass sie ständig ihren Mund öffnen und **schließen**. Gleichzeitig bewegen sich die **Kiemen**deckel. Dadurch wird eine ständige **Wasserströmung** erzeugt und frisches **Wasser** durch den Mund aufgenommen. Wenn der Fisch den **Mund** schließt, so **strömt** das Wasser an den Kiemen vorbei und wird nach **außen** gedrückt. An den Kiemen**bögen** sitzen zahlreiche feine Kiemen**blättchen**, die stark durchblutet sind und deshalb **rot** aussehen. Über die große Oberfläche der zahlreichen Kiemen**blättchen** wird **Sauerstoff** aus dem Wasser aufgenommen und **Kohlenstoff**dioxid an das Wasser abgegeben. Ganz ähnlich verläuft der Gasaustausch bei den Säugetieren, die allerdings nicht durch **Kiemen**, sondern durch **Lungen** atmen. Das **Blut** transportiert den Sauerstoff in alle Teile des **Körpers**.
   <u>Hinweis:</u> Je **kühler** das Wasser ist, desto mehr Luft löst sich im Wasser.

Station 12: Ist im Wasser auch Luft vorhanden? *Lösungen*

Versuch 1:

1.–7.

Tabelle für die Versuchsbeobachtungen (Versuchsprotokoll):

Hinweis: Es hängt stark von der Art / Geschwindigkeit des Erwärmens/Erhitzens ab, wie sich die Temperatur erhöht und welche Beobachtungen gemacht werden.

Zeit nach … Minuten	Wasser-temperatur (in °C)	Beobachtungen am Becher-glasboden	Beobachtungen an der Becher-glaswand	Beobachtungen im Wasser	Bemerkungen
Versuchs-beginn	11	–	–	–	kaltes Wasser aus der Leitung
1	23	–	–	–	keine Veränderungen
2	35	einige Bläschen	wenige Bläschen	einzelne Bläschen steigen nach oben	immer mehr Bläschen steigen auf
3	50	zahlreiche Bläschen	zahlreiche Bläschen	einige Bläschen steigen auf	
4	62	immer mehr Bläschen	immer mehr Bläschen	viele Bläschen steigen auf	
5	70	immer mehr Bläschen	immer mehr und größere Bläschen	viele Bläschen steigen auf	

8. Im Wasser ist Luft gelöst. Wenn man das Wasser erwärmt / erhitzt, entweicht die Luft und man sieht Luftbläschen im Wasser aufsteigen; zunächst am Boden des Glases, dann am Becherglasrand und dann auch im Inneren.

9. Individuelle Lösungen

Versuch 2:

a) Insgesamt steigen weniger Bläschen auf, da warmes Wasser weniger Sauerstoff enthält.

b) Es steigen keine / nur vereinzelt Bläschen auf, da abgekochtes Wasser keinen / kaum Sauerstoff enthält.

Gesamtauswertung der Versuche und Folgerungen: Fische können im Wasser atmen / Sauerstoff aufnehmen, weil **im Wasser Luft (u. a. Sauerstoff) gelöst ist und über die Kiemen aufgenommen wird**.

Station 13: Fortpflanzung und Entwicklung von Fischen am Beispiel der Bachforelle *Lösungen*

I.

1 Bachforellen leben im Oberlauf von klaren Bergbächen. Im Alter von etwa vier Jahren ist die Bachforelle erwachsen und geschlechtsreif. Im Januar und Februar suchen sich Männchen und Weibchen einen Geschlechtspartner und bilden Paare.

2 Im sandigen Bachbett schlägt das Forellenweibchen mit der kräftigen Schwanzflosse eine Mulde. Größere Steinchen entfernt das Weibchen mit dem Mund.

3 Das Weibchen legt nun 2000 bis 3000 Eier („Rogen", Laich) in das „Nest". Das Weibchen nennt man deshalb auch Rogner.
Das Männchen gibt anschließend die milchig weiße Samenflüssigkeit („Milch") mit den Samenzellen über die Eier. Die Samenzellen schwimmen zu den Eizellen und befruchten diese im „Nest". Weil die Besamung und Befruchtung außerhalb des Fischweibchens erfolgt, spricht man von äußerer Befruchtung.
Die befruchteten Eizellen werden mit der Schwanzflosse leicht mit Sand bedeckt. Meist besorgt dies das Fischweibchen („Rogner"), während sich das Fischmännchen („Milchner") vom „Nest" entfernt.

4 Im befruchteten Fischei entwickelt sich der kleine Fischembryo, der schon bald als kleiner schwarzer Punkt im Ei erkennbar ist. Nach etwa acht Wochen schlüpft die herangewachsene Fischlarve aus dem Ei.

5 Die Fischlarve erkennt man am großen Dottersack. Von den Nährstoffen (Eiweiß, Fett, Vitamine usw.) im Dottersack ernährt sich die Fischlarve in den ersten Tagen. Der Dottersack wird nach und nach aufgebraucht.

6 Aus der Fischlarve wird bald eine kleine Bachforelle, die aussieht wie eine ausgewachsene Bachforelle – nur kleiner. Die junge Bachforelle ernährt sich von Wasserinsekten und deren Larven, später vor allem von kleinen Fischen.

Station 14: Das Leben der Lachse *Lösungen*

1. Lösungswort: LACHSWANDERUNGEN

Nr.	Aussage	RICHTIG	FALSCH
1	Lachse leben nur in Bächen und Seen, d. h. nur im Süßwasser und niemals im Meer (im Salzwasser).		N
2	Lachse sind begehrte Speisefische, haben einen lang gestreckten Körper, können in der Natur bis zu 15 Jahre alt werden, werden bis zu 150 cm lang und bis zu 35 kg schwer.	E	
3	Heute gibt es beispielsweise im Rhein, in der Elbe und in der Weser sowie deren Nebenflüssen insbesondere im Sommer große Lachse in großer Zahl.		G
4	Lachsfleisch ist ungesund und sollte nicht verzehrt werden, weil es kaum wertvolle Nährstoffe enthält.		N
5	Lachse haben keine Zähne und sind reine Pflanzenfresser.		U
6	Lachse haben eine kräftige Schwanzflosse, sehr viele Muskeln und sind deshalb schnelle, ausdauernde Schwimmer.	R	
7	Ein geschlechtsreifes Lachsweibchen legt bis zu 20000 Eier in bis zu 1 m tiefe Kiesgruben am Grund von Fließgewässern und deckt die Eier dann mittels Schlagen der Schwanzflosse mit Sand und Kies zu.	E	
8	Lachse können in der Natur höchstens zwei Jahre alt werden.		D
9	Lachse sind Raubfische und ernähren sich insbesondere von kleineren Fischen und Krebsen.	N	
10	Nach dem Laichen bzw. Besamen der Eier sterben die meisten Lachse infolge Erschöpfung, da sie während ihrer Wanderung im Süßwasser so gut wie keine Nahrung mehr aufnehmen.	A	
11	Die bis zu 20 cm langen Junglachse verbringen ein bis drei Jahre im Oberlauf der Heimatflüsse, wo sie aus dem Ei geschlüpft sind. Dann schwimmen sie flussabwärts ins Meer. Diese Wanderung ins Meer dauert bis zu einem Jahr.	W	

Nr.	Aussage	RICHTIG	FALSCH
12	Ausgewachsene Lachse können Hindernisse bis zu 3 m im Sprung überwinden und gegen den Strom schwimmen.	S	
13	Die jungen Lachse bleiben nach ihrer „Süßwasser-Lebensphase" ein bis fünf Jahre im Meer südlich Grönlands (Weidegründe der Lachse), fressen sich Fettreserven an und beginnen dann ihre teilweise über 1 000 km lange Wanderung zurück in ihren Heimatfluss in Nordamerika oder Europa, um sich dort fortzupflanzen. Diese Lachswanderung dauert bis zu einem Jahr. Manche werden dabei zur Mahlzeit eines Grizzlys oder von Menschen gefangen.	H	
14	Infolge des sehr guten Geruchssinnes finden geschlechtsreife Lachse ihr Heimatgewässer auch noch nach mehreren Jahren zum Ablaichen bzw. Besamen der Eier.	C	
15	Die Lebensräume und Wanderungen der Lachse lassen sich so schematisch darstellen: 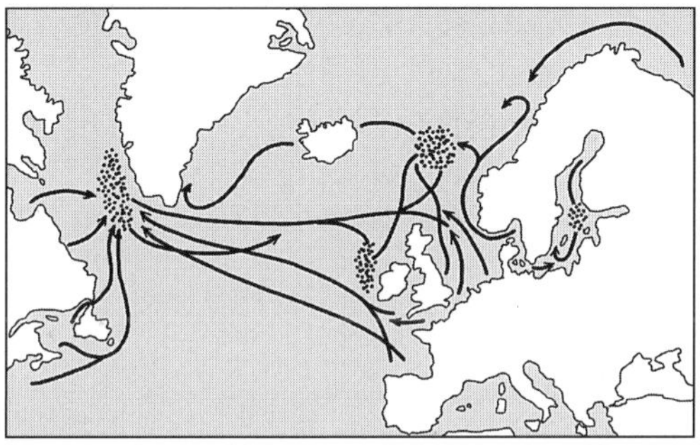	A	
16	Erwachsene Lachse finden ihr Heimatgewässer durch ihren gut ausgeprägten Sehsinn und Hörsinn.		L

Station 15: Interessante Fische und ihre Fähigkeiten *Lösungen*

1.

Stichworte für die Fischgruppe	Besondere Fähigkeiten / Merkmale	Stichwort
Putzerfische	Die kleineren Fische säubern Kiemen, Körperoberfläche, Mund usw. der größeren Fische (darunter sind auch Raubfische als „Kunden" der Putzerfische).	Putzsymbiose
Leuchtende Fische	Sie senden **Licht** im dunklen Wasser aus und **locken** dadurch andere Tiere an, die dann leicht zur **Beute** werden.	Leuchtorgane (**Bio**lumineszenz)
Feuerfische	Sie haben rote, braune und weiße **Streifen** am Körper und großflächige **Flossen** mit **Gift**strahlen.	Giftfische
Elektrische Fische	Sie können **elektrische** Felder wahrnehmen und teilweise auch aufbauen.	Fische mit sogenanntem „6. Sinn"
Lungenfische	Sie haben sowohl **Kiemen** (Atmung im Wasser) als auch **Lungen** (Atmung an Land) als Atmungsorgane.	„Doppelatmer"
Fliegende Fische	Sie können bis zu **400** m über das **Meerwasser** segeln.	Flügelartig verbreiterte **Flossen**

2. Im Alltag unterscheidet man üblicherweise fünf Sinne:

1. Sehen (Augen; Gesicht)
2. Hören (Ohren; Gehör)
3. Riechen (Nase; Geruch)
4. Schmecken (Zunge; Geschmack)
5. Tasten (Haut; Gefühl)

<u>Hinweis:</u> Diese fünf klassischen Sinne wurden bereits von Aristoteles vor etwa 2500 Jahren beschrieben.

Station 16: Der Mensch nutzt Fische für seine Ernährung — *Lösungen*

1. Fische aus Binnengewässern: Hecht, Rotauge, Forelle, Karpfen, Zander
   Meeresfische: Schellfisch, Seehecht, Makrele, Kabeljau, Seeteufel, Scholle, Hering, Rotbarsch, Lachs
2. Fischfleisch …
   ○ … ist sehr fettreich.
   ○ … ist reich an Stärke und Zucker.
   ⊗ … enthält viele Vitamine.
   ⊗ … ist reich an Mineralstoffen (Mineralsalzen).
   ⊗ … enthält viel wertvolles Eiweiß.
   ○ … ist reich an Ballaststoffen.
   ⊗ … ist leicht verdaulich.
3. Um die Fische im **Meer** aufzuspüren, kommen verschiedene **Verfahren (Methoden)** zum Einsatz. Zunächst wird über **Radar** von Radarschiffen aus festgestellt, wo sich die **Fischschwärme** befinden. Diese Informationen werden über **Satelliten**, die sich in über 10 000 m Höhe befinden, an die **Fangschiffe** weitergeleitet.

   Diese Schiffe fahren dann zu den **Fanggründen** an den betreffenden Stellen im Meer und bringen die **Netze** möglichst nahe an die Fischschwärme heran. Dazu setzen sie **Echo**lot ein, um Tiefe und Bewegungsrichtung sowie die **Größe** eines Fischschwarms abschätzen zu können. Leistungsfähige **Computer** an Bord der Fangschiffe helfen hierbei und zeigen die Fischschwärme auf dem Bildschirm an.

   Mithilfe von Treib**netzen** fängt man die Fische, die sich nahe an der Wasseroberfläche bis etwa **20** m Tiefe aufhalten. Treibnetze sind bis zu **100** km lang und kaum **sichtbar**. In ihnen verfangen sich auch Delfine, Wale, **Robben** und **Haie** sowie **See**vögel.
   Fische, die in größeren Tiefen leben (tiefer als 20 m) oder gar am Meeres**boden**, werden mithilfe von **Schlepp**netzen gefischt.

   Kleinere, unerwünschte Fische und Krebse, der sogenannte Bei**fang**, wird zu Fisch**mehl** verarbeitet und als **Kraft**futter (Futter für Geflügel, Schweine usw.) verwendet.

   Durch die Ver**schmutzung** der Meere durch auslaufendes **Erdöl** (beispielsweise aus verunglückten **Tankern** und beschädigten Bohr**inseln**) sowie die **Über**fischung der Meere wird es immer schwieriger, lohnende Fischschwärme aufzuspüren und zu fangen.

   International vereinbarte **Schon**zeiten und **Mengen**begrenzungen sollen die Überfischung der Meere verhindern helfen und die Fisch**bestände** in Zukunft besser schützen.
4. <u>Zusatz:</u> Aquarienhaltung:
   Aquarium nicht zu klein wählen, gut bepflanzen;
   Untergrund: Sand und Steine, Versteckmöglichkeiten;
   Heizung: Temperatur des Wassers an die Fische anpassen, Fische in Zoohandlung kaufen, „passende" Fische, Filter, Pumpe, Beleuchtung gutes Futter, täglich kontrollieren, täglich füttern, verdunstetes Wasser nachfüllen usw.

Station 17: Verschiedene Hai-Arten am Körperbau erkennen — *Lösungen*

1.

Walhai (größte Hai-Art: bis zu 14 m lang, bis zu 12 Tonnen schwer)

Riesenhai (bis zu 10 m lang)

Weißer Hai (bis zu 7 m lang)

Tigerhai (bis zu 6 m lang)

Hammerhai (bis zu 6 m lang)

2. Zusatz: **Beispiel: Weißer Hai**

Größe, Gewicht:	bis zu 7 m lang, bis zu 3,5 Tonnen schwer
Lebensraum:	in allen Ozeanen, auch im Küstengewässer der gemäßigten Breiten
Bauch:	helle Bauchfärbung scharf von der dunkleren Flankenfärbung abgegrenzt
Brustflossen:	meist weiße Spitzen
Ernährung:	Tintenfische, Krebse, Fische, Robben, Seevögel
Besonderheiten:	größter Raubfisch der Welt, gilt als sehr interessiert an Neuem, infolge des „Beifangs" selten geworden

Station 18: Wissenswertes zum Thema „Haie" *Lösungen*

1. Lösungssatz: HAIE SIND KNORPELFISCHE.

Nr.	Aussage	RICHTIG	FALSCH
1	Beim Angriff auf Robben, Delfine oder Fische verlieren Haie oft zahlreiche Zähne, da diese nur leicht in der Haut stecken und nicht im Knochen eingewachsen sind.	E	
2	Die meisten Haie haben auf jeder Körperseite fünf Kiemenspalten, aber – im Gegensatz zu den Knochenfischen – keine Kiemendeckel.	H	
3	Haie haben mit Ausnahme des Menschen keine Feinde.		C
4	Haie haben nachwachsende Zähne sowie mehrere Zahnreihen. In einem Hai-Leben kann ein Hai bis zu 30 000 Zähne nutzen. Bricht ein Zahn in einer Reihe ab, so wächst ein Zahn aus der nächsten Reihe nach.	S	
5	Das Skelett der Haie ist aus Knochen. Deshalb zählen die Haie zu den Knochenfischen.		I
6	Es gibt keine Haie, die lebende Jungen zur Welt bringen.		F
7	Die Leber der Haie ist sehr fett- und ölreich, dadurch haben sie ein relativ geringes Gewicht und damit einen großen Auftrieb im Wasser.	L	
8	Auch Haie haben, außer dem Menschen, zahlreiche Feinde: Kleine Haie werden beispielsweise von Seevögeln und Fischen erbeutet, größere Haie vor allem von Rochen und Schwertwalen.	E	
9	Das Seitenlinienorgan bei Haien ist besonders gut ausgebildet, sodass Haie kleinste Wasserbewegungen sehr gut feststellen können.	P	
10	Haie haben – im Gegensatz zu Walen, die bekanntlich Säugetiere sind – kein Spritzloch.		R
11	Alle großen Haie, wie der Walhai (größter Hai; bis zu 14 m lang) und der Riesenhai (bis zu 10 m lang), sind gierige Fleischfresser.		O
12	Haie sind, relativ zu ihrer Größe, leichter als Knochenfische, d. h., ihr Auftrieb im Wasser ist größer als der Auftrieb bei Knochenfischen.	N	
13	Haie haben zwischen dem Auge und den fünf Kiemenspalten ein Spritzloch, mit dem sie Atemwasser aufnehmen.	K	
14	Der Riesenhai ist ein gieriger Fleischfresser und ernährt sich vor allem von Pinguinen.		D
15	Das Seitenlinienorgan der Haie reicht vom Kopf bis zur Schwanzflosse.	N	

Nr.	Aussage	RICHTIG	FALSCH
16	Haie haben einen sehr gut ausgebildeten Geruchssinn mit Geruchssinnesorganen an der Schnauze. Damit können sie Blut im Wasser noch in milliardenfacher Verdünnung über mehrere hundert Meter wahrnehmen.	I	
17	Alle Fische haben eine Schwimmblase, also auch die Haie.		S
18	Haie setzen ihre Schwimmblase ein, damit sie im Wasser aufsteigen und absinken.		E
19	Durch feine Rillen in den Haischuppen wird der Wasserwiderstand herabgesetzt. Dieser „Haihaut-Effekt" wird beim Bau von Schiffen, U-Booten und Flugzeugen genutzt.	I	
20	Haie leben vorwiegend im Meer, schwimmen aber auch in großen Flüssen wie dem Amazonas (Südamerika) und dem Mississippi (Nordamerika) große Strecken flussaufwärts.	A	
21	Haie können auch elektrische Spannungen und Magnetfelder wahrnehmen.	H	

Station A: Fischpuzzle — *Lösungen*

1.–5.

Zander

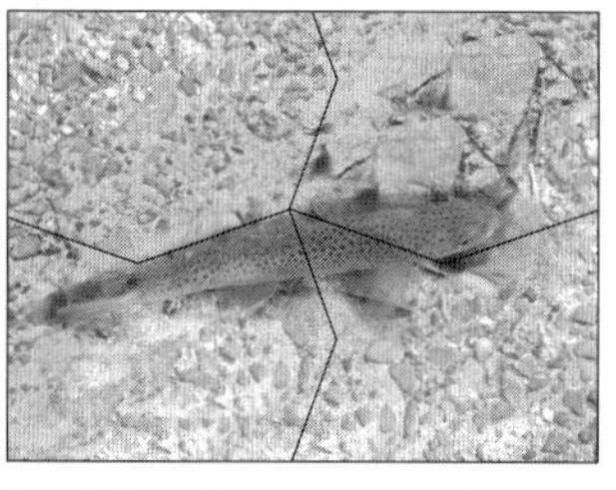

Bachforelle

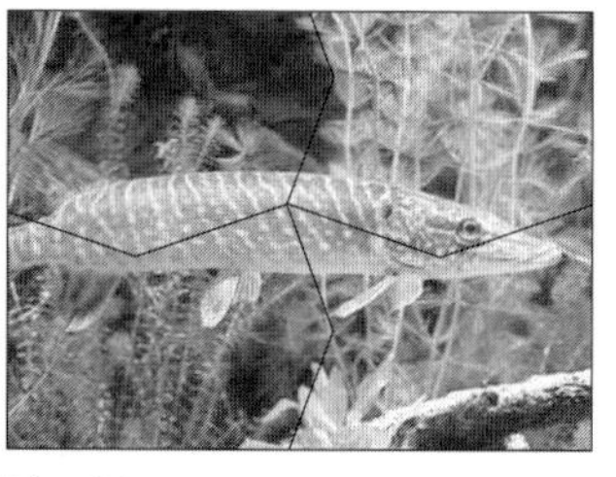

Hecht

Karpfen

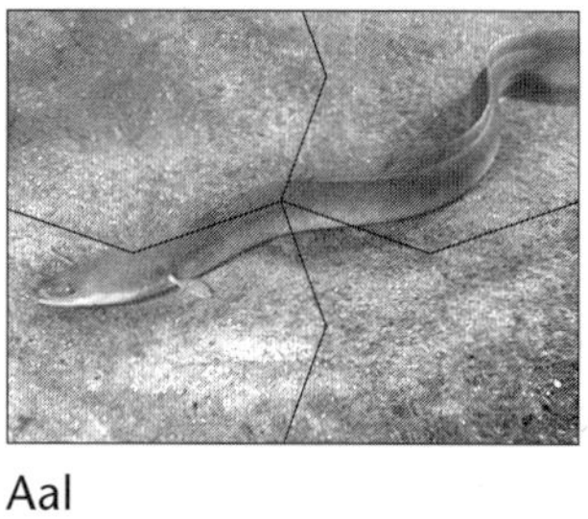

Aal

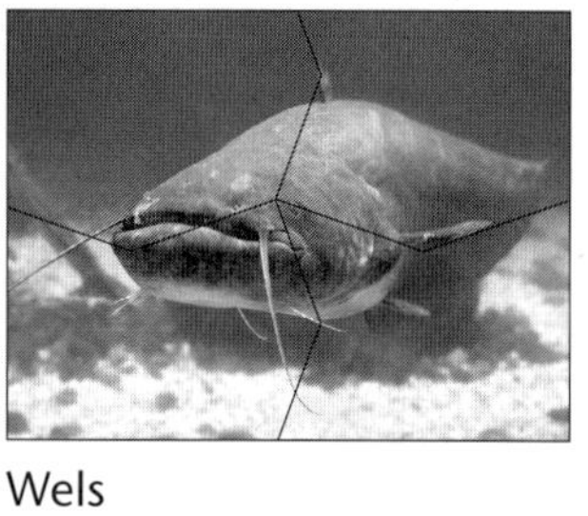

Wels

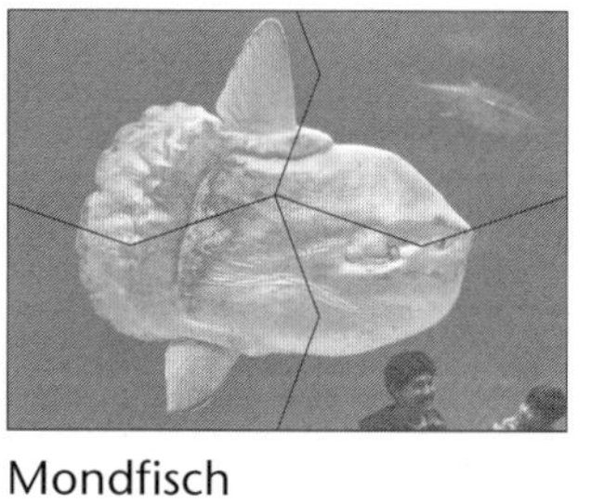

Mondfisch

Station B: Buchstabenpuzzle zum Thema „Fische" — *Lösungen*

1.

A					K	I	E	M	E	N	D	E	C	K	E	L								M			K
A	K			S	E	I	T	E	N	L	I	N	I	E	N	O	R	G	A	N				O			I
L	A	C	H	S													U							N			E
	R						B	R	U	S	T	F	L	O	S	S	E	N			Z	A	N	D	E	R	M
	P						A										C							F			E
	F						U										K							I			N
	E			I	A	H	C					F	L	O	S	S	E	N	S	A	U	M		S			B
	N						H								C		N		C					C			L
		F	R	I	E	D	F	I	S	C	H				H		F		H					H			A
							L								U		L		O								E
T		E	L	L	E	R	O	F							P		O		L								T
H					H	C	S	I	F	B	U	A	R		P		S		L								T
C							S								E		S		E	S	S	O	L	F			C
I	T	H	C	E	H		E								N		E		S								H
H							N					I	A	H	R	E	M	M	A	H							E
C				S															L								N
S	C	H	W	A	N	Z	F	L	O	S	S	E							B								
M				U															M	I	L	C	H				
I				E		T	H	U	N	F	I	S	C	H					M								
E				R														K	I	E	M	E	N			N	
L				S															W							E	
H				T	I	G	E	R	H	A	I								H							G	
C				O															C							O	
S				F							Z	W	E	R	G	W	E	L	S		W	A	S	S	E	R	
				F										P	L	A	T	T	F	I	S	C	H				

LÖSUNG / VERSTECKTE BEGRIFFE:

(1–5) AAL; BAUCHFLOSSEN; BRUSTFLOSSEN; FLOSSE; FLOSSENSAUM;
(6–10) FORELLE; FRIEDFISCH; HAI; HAMMERHAI; HECHT;
(11–15) KARPFEN; KIEMEN; KIEMENBLAETTCHEN; KIEMENDECKEL; LACHS;
(16–20) MILCH; MONDFISCH; PLATTFISCH; RAUBFISCH; ROGEN;
(21–25) RUECKENFLOSSE; SAUERSTOFF; SCHLEIMSCHICHT; SCHOLLE; SCHUPPEN;
(26–30) SCHWANZFLOSSE; SCHWIMMBLASE; SEITENLINIENORGAN; THUNFISCH; TIGERHAI;
(31–33) WASSER; ZANDER; ZWERGWELS

Station C: Teile eines Fisches RICHTIG benennen — *Lösungen*

1.

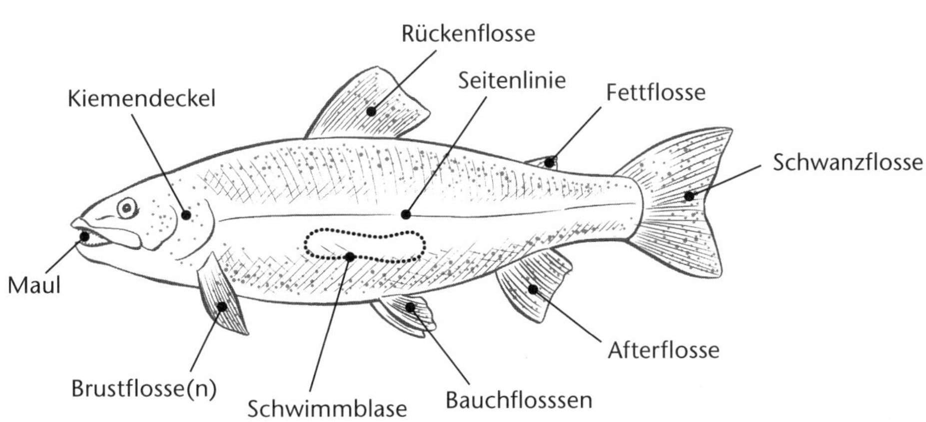

		S			K	I	E	M	E	N	D	E	C	K	E	L
		C		B												U
S	C	H	W	A	N	Z	F	L	O	S	S	E				A
		W		U												M
		I		C												
E		M		H												B
S		M		F	E	I	N	I	L	N	E	T	I	E	S	R
S		B		L										S		U
O		L		O										S		S
L		A		S										O		T
F		S		S										L		F
R		E		E										F		L
E				N										T		O
T														T		S
F														E		S
A														F		E
		E	S	S	O	L	F	N	E	K	C	E	U	R		N

Station D: Mindmap zum Thema „Fische" ***Lösungen***

1.

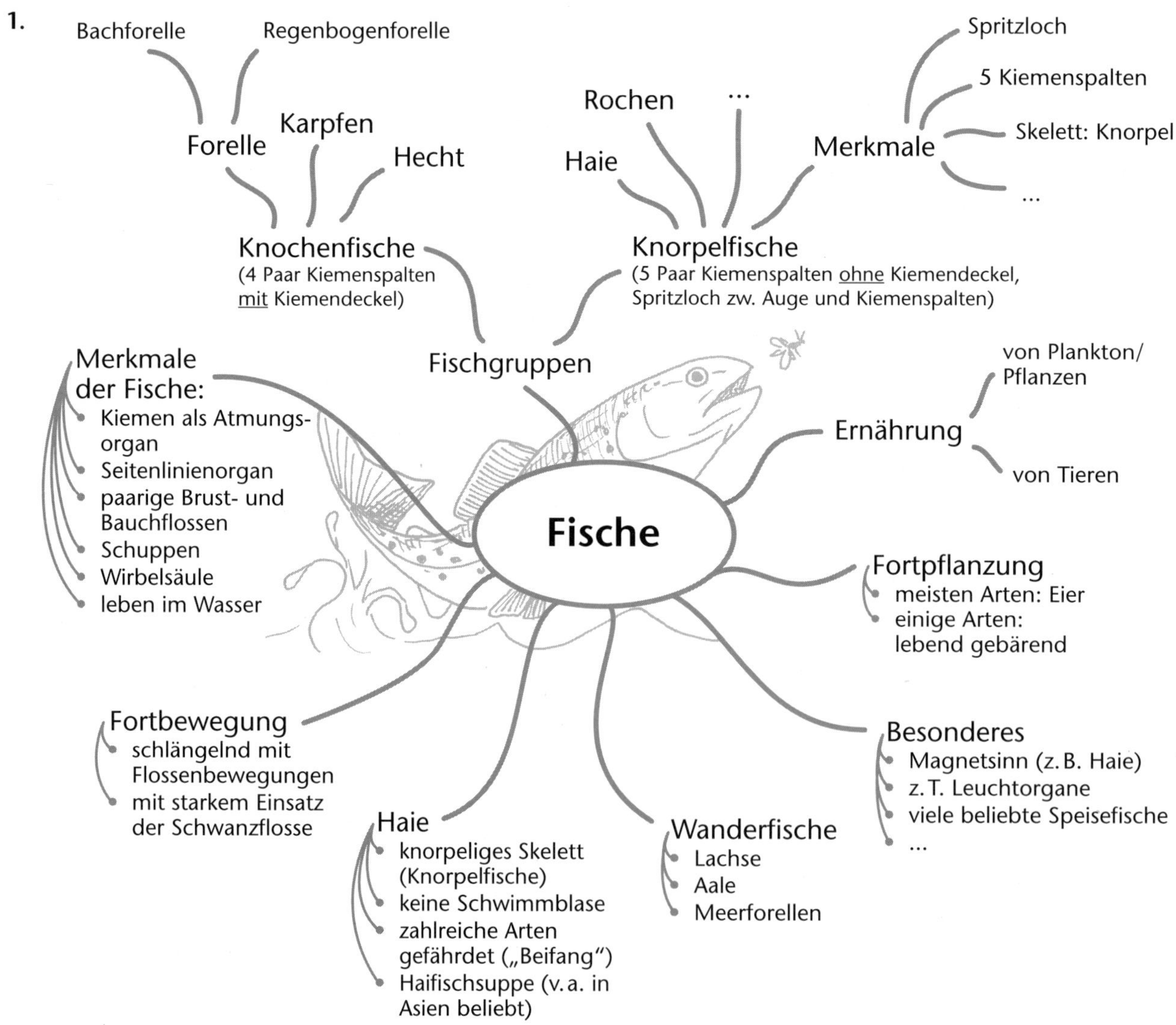

Bildnachweis

S. 4	Galileo © Erica Guilane-Nachez, Fotolia.com (Nr. 41220480)
S. 6, 34 f., 59 f., 76	Mondfisch © Fred Hsu, Wikimedia.com (15.10.2015)
S. 7	Labyrinthfisch © David Starr Starr Jordan (1907), Wikimedia.com (15.10.2015)
S. 9	Elektroplax (Rochen) © Alexander Graetz, Wikimedia.com (15.10.2015)
S. 9, 48	Tiefseeanglerfisch © Theodore W. Pietsch, Wikimedia.com (27.04.2015)
S. 9	Schützenfisch © Panaiotidi, Shutterstock.com (Nr. 253884577)
S. 10, 50	Fliegender Fisch © Jean Fortunet, Wikimedia.com (15.10.2015)
S. 10	Fischtreppe © Erwin Graf
S. 13	Wirtshausschild „Walfisch" © Erwin Graf
S. 14, 21, 55 ff., 65, 74 f.	Weißer Hai © 2436digitalavenue, Fotolia.com
S. 14, 30, 63, 67	Skalare © Figurniy Sergey, Fotolia.com
S. 14, 46	Lachse gegen die Strömung © Robert W. Hines US Fish and Wildlife Service, Wikimedia.com (15.10.2015)
S. 19, 21, 23 f., 27, 35, 51, 59 f., 64, 66, 76	Hecht © MillaTom, Wikimedia.com (15.10.2015)
S. 19, 21, 34, 59 f., 64, 76	Aal © Pmx nl wikipedia, Wikimedia.com (15.10.2015)
S. 19, 23, 25, 27, 35, 51, 57, 59 f., 64, 66, 76	Karpfen © Piet Spaans, Wikimedia.com (15.10.2015)
S. 19 f., 22 ff., 27, 31, 34 f., 51, 59 f., 64, 66, 76	Forelle © Stefan Weigel, Wikimedia.com (15.10.2015)
S. 19, 21, 23, 25, 51, 64 ff.	Scholle © 4028mdk09, Wikimedia.com (06.05.2015)
S. 19, 21, 23, 26, 55 f., 58, 64 ff., 74	Tigerhai © Albert Kok, Wikimedia.com (15.10.2015)
S. 21, 39, 45, 51, 64	Lachs © William W. Hartley, Wikimedia.com (15.10.2015)
S. 21, 65	Delfin © Irina No, Fotolia.com (Nr. 27929922)
S. 21, 65	Seepferdchen © Joanne Merriam, Wikimedia.com (15.10.2015)
S. 21, 47, 55 f., 65, 74	Hammerhai © Albert Kok, Wikimedia.com (15.10.2015)
S. 23, 25, 66	Rotfeder © George Chernilevsky, Wikimedia.com (15.10.2015)
S. 23, 25, 34 f., 40, 66	Thunfisch © Laica ac, Wikimedia.com (15.10.2015)
S. 23, 26 f., 34, 39, 51, 59 f., 66, 76	Zander © Piet Spaans, Wikimedia.com (15.10.2015)
S. 23 f., 66	Barbe © Neil Philips, Wikimedia.com (15.10.2015)
S. 23 f., 66	Blaufelchen © mahey, Fotolia.com (Nr. 21697087)
S. 23, 26, 59 f., 66, 76	Wels © Kletr, Fotolia.com (Nr. 49649976)
S. 23, 26, 38 f., 66	Ukelei © Piet Spaans, Wikimedia.com (15.10.2015)
S. 29	Koi © 3268zauber, Wikimedia.com (09.12.2015)
S. 30, 67	Platys © Marrabbio2, Wikimedia.com (15.10.2015)
S. 30, 67	Black Molly © Hugo Torres, Wikimedia.com (15.10.2015)
S. 30, 38, 67, 70	Panzerwels © Stan Shebs, Wikimedia.com (15.10.2015)
S. 30, 37, 67	Guppys © Per Harald Olsen, Wikimedia.com (15.10.2015)
S. 35	Kraulen © cmaccubbin, Wikimedia.com (09.12.2015)
S. 36	Boot © André Rau, Fotolia.com (Nr. 30700938)
S. 45 f.	Bär mit Lachs © Jonathan Chase, Wikimedia.com (15.10.2015)
S. 48	Putzerfische putzen Meereslippfisch © Mbz1, Wikimedia.com (15.10.2015)
S. 49	Rotfeuerfisch © Christian Mehlführer, Wikimedia.com (15.10.2015)
S. 49	Zitteraal © Stan Shebs, Wikimedia.com (13.07.2015)
S. 50	Lungenfisch © Daiju Azuma, Wikimedia.com (10.12.2015)
S. 50	Fliegender Fisch 2 © Patrick Coin, Wikimedia.com (15.10.2015)
S. 51	Sushi © MEV40043
S. 51	Schellfisch © Steven G. Johnson, Wikimedia.com (10.12.2015)
S. 51	Seehecht © Drow_male, Wikimedia.com (10.12.2015)
S. 51	Makrele © Zach Klein, Wikimedia.com (10.12.2015)
S. 51, 53	Kabeljau © Hans-Petter field, Wikimedia.com (15.10.2015)
S. 51	Seeteufel © ribelje-oko.hr, Wikimedia.com (10.12.2015)
S. 51	Hering © Uwe Kils, Wikimedia.com (10.12.2015)
S. 51	Rotbarsch © Mariusz S. Jurgielewicz, Shutterstock.com (Nr. 267943916)
S. 51	Rotauge © GerardM, Wikimedia.com (10.12.2015)
S. 55	Haie im Aquarium © Ökocentrum, Wikimedia.com (16.10.2015)
S. 55 ff., 74	Walhai © Shiyam ElkCloner, Wikimedia.com (16.10.2015)
S. 55 f., 74	Riesenhai © Chris Gotschalk, Wikimedia.com (16.10.2015)
S. 57	Revolvergebiss © Stefan Kühn, Wikimedia.com (16.10.2015)
S. 68	Schuppen (eines Rotauges) © kallerna, Wikimedia.com (10.12.2015)